高等院校"十三五"规划教材

经济学原理

主　编　黄春花
副主编　黄玉婉　陶　沁　徐若瑜

东南大学出版社
·南京·

内容提要

本书包括微观经济学和宏观经济学两个部分,一～八章为微观经济学,九～十二章为宏观经济学。本书围绕应用技术型人才培养目标,设置了实践性较强的11(二～十二章)个章节,内容涉及需求与供给定理、消费者行为理论、生产者行为理论、成本理论、市场结构理论、生产要素理论、一般均衡理论与市场失灵、简单国民收入决定理论、宏观经济政策、失业与通货膨胀、经济增长与经济周期理论等内容。本书简化了经济理论的数学推导部分,省略了大量的经济模型的推导过程,注重用生动的语言把经济理论深入浅出、通俗易懂地阐述。每一章节以丰富的案例贯穿理论的分析过程中;每一章节配有课后习题,并对重要章节附有实践操作项目。

本书语言生动、通俗易懂、实践性强,可以作为应用技术型大学经济类、管理类、统计类专业学生学习西方经济学的教材用书,也可以供高职高专学生和经济学初学者使用。

图书在版编目(CIP)数据

经济学原理/黄春花主编. ― 南京:东南大学出版社,2017.7
 ISBN 978-7-5641-7329-6

Ⅰ.①经… Ⅱ.①黄… Ⅲ.①经济学 Ⅳ.①F0

中国版本图书馆 CIP 数据核字(2017)第 171955 号

经济学原理

出版发行:东南大学出版社
社　　址:南京市四牌楼2号　邮编:210096
出 版 人:江建中
责任编辑:戴坚敏　史建农
网　　址:http://www.seupress.com
电子邮箱:press@seupress.com
经　　销:全国各地新华书店
印　　刷:常州市武进第三印刷有限公司
开　　本:787mm×1092mm　1/16
印　　张:10.5
字　　数:264 千字
版　　次:2017 年 7 月第 1 版
印　　次:2017 年 7 月第 1 次印刷
书　　号:ISBN 978-7-5641-7329-6
印　　数:1—3000 册
定　　价:32.00 元

本社图书若有印装质量问题,请直接与营销部联系。电话:025-83791830

前　言

《经济学原理》是经管类专业的核心课程之一,是各高校经济管理类专业学生必修的专业基础课,是学习其他专业理论课程的基石。现有的很多经济学基础教材突出的问题在于偏重理论,课堂教学侧重"填鸭式"灌输,而对学生经济学思维的训练和经济学应用能力的培养有所欠缺。根植于应用技术型人才培养目标,针对经济学教学过程中存在的突出问题,我们编写了《经济学原理》这本教材。

本教材分为微观经济学和宏观经济学两个部分,其中第一章是导论,第二章至第八章是微观经济学部分,主要内容包括需求与供给定理、消费者行为理论、生产者行为理论、成本理论、市场结构理论、生产要素理论、一般均衡理论和市场失灵。第九章至第十二章是宏观经济学部分,主要内容包括简单国民收入决定理论、宏观经济政策、失业与通货膨胀、经济增长与经济周期理论。

本教材在编写过程中注重从以下几个方面入手,体现以下几个方面的特色：

第一,注重经济理论成立的背景。任何经济理论的成立都是建立在一系列前提假设条件上,受限于当时的历史背景。在编写教材的过程中加入了大量的人物背景介绍、历史经济事件介绍。让学生对理论知识不仅知其然还要知其所以然,培养经济学思维,减少学习过程中的盲目性。

第二,注重理论的实用性和启发性。以"想一想""练一练""考一考",经济生活中最新的新闻事件、生活中的经济案例等形式贯穿章节之中,与当前中国的经济现实紧密结合,给学生思考的空间,启发学生运用经济学理论思考自己身边发生的事件,在思考和动手的过程中加强对理论的理解,提高学生学以致用的能力。

第三,注重实践和应用能力的培养。练习不仅表现在课堂上的"练一练",还有课后习题,对于本书的核心章节,增加了实践项目的环节。实践项目以调查报告或者小论文等形式表现。学生在查找资料、阅读资料、整理资料和写作的过程中可以增强自身的实践和应用能力。

本书由湖北商贸学院黄春花老师担任主编,负责制定大纲、设计章节、修改和完善初稿、统稿和定稿，并担任了第一章、第四章、第五章、第六章、第七章、第八章、第十一章、第十二章等内容的编写；由湖北商贸学院黄玉婉、陶沁、徐若瑜三位老师担任副主编，其中黄玉婉老师担任了第二章、第三章内容和课后习题的编写；陶沁老师担任了第九章、第十章内容和课后习题的编写；徐若瑜老师担任了部分章节的校对和案例的收集整理工作。

本书在编写过程中参考了大量国内外相关教材、网站文献、期刊文献，在此表示感谢！

受编者的能力所限，书中不可避免会存在漏洞和差错，请读者不吝指正和赐教，您的宝贵意见可以通过邮件发至邮箱 hbsmxyhch@sina.cn。

编者
2017 年 5 月

目 录

第一章 导论 ··· 1
   第一节 经济学的研究对象 ·· 1
   第二节 微观经济学与宏观经济学 ·· 3
   第三节 经济学的研究方法 ·· 5
   第四节 西方经济学发展历史及流派 ··· 7

第二章 需求与供给定理 ··· 9
   第一节 需求理论 ··· 9
   第二节 供给理论 ··· 15
   第三节 均衡价格理论 ·· 20
   第四节 弹性理论 ··· 25

第三章 消费者行为理论 ··· 34
   第一节 效用理论 ··· 34
   第二节 基数效用论和边际效用分析法 ··· 35
   第三节 序数效用论和无差异曲线分析法 ·· 40

第四章 生产者行为理论 ··· 48
   第一节 厂商 ··· 48
   第二节 生产函数 ··· 49
   第三节 一种可变要素的生产函数 ··· 50
   第四节 两种可变生产要素的生产函数 ··· 54
   第五节 规模报酬 ··· 57

第五章 成本理论 ·· 61
   第一节 关于成本的几个概念 ·· 61
   第二节 短期成本曲线 ·· 62
   第三节 长期成本曲线 ·· 66
   第四节 收益与利润最大化 ··· 69

第六章 市场结构理论 ··· 72
   第一节 完全竞争市场的厂商均衡 ··· 72
   第二节 完全垄断市场的厂商均衡 ··· 76
   第三节 垄断竞争市场的厂商均衡 ··· 80
   第四节 寡头市场的厂商均衡 ·· 82
   第五节 寡头厂商之间的博弈:博弈论初步 ·· 86

第七章　生产要素理论 ··· 90
第一节　生产要素的需求方面 ··· 90
第二节　生产要素的供给方面 ··· 92

第八章　一般均衡理论与市场失灵 ··· 100
第一节　一般均衡与帕累托最优 ··· 100
第二节　市场失灵 ·· 103

第九章　简单国民收入决定理论 ·· 111
第一节　国内生产总值 ··· 111
第二节　简单国民收入决定模型 ··· 116
第三节　乘数原理 ·· 120

第十章　宏观经济政策 ·· 124
第一节　宏观经济政策概述 ··· 124
第二节　财政政策工具 ··· 126
第三节　货币政策工具 ··· 130

第十一章　失业与通货膨胀 ··· 139
第一节　失业理论 ·· 139
第二节　通货膨胀 ·· 142

第十二章　经济增长与经济周期理论 ··· 152
第一节　经济增长理论 ··· 152
第二节　经济周期理论 ··· 156

参考文献 ··· 160

第一章 导　论

本章从宏观视角给大家介绍整个经济学大厦的构成和发展脉络，分为四个部分：经济学的研究对象；微观经济学与宏观经济学的联系和区别；经济学的研究方法以及西方经济学的发展历史，导论内容在本书中起着提纲挈领的作用。其中理解经济学的研究对象和研究方法是重点，掌握微观经济学与宏观经济学的联系和区别以及经济学发展历史是难点。

第一节　经济学的研究对象

经济（Economy）这个词源于希腊语 oikonomos，它的意思是"管理一个家庭的人"，一个家庭通常会面临很多决策：谁做饭？谁洗衣服？周末选择待在家里还是出去旅游？考大学是选择金融专业还是历史专业？家庭收入多少用于日常开支、多少用于投资金融产品？家庭必须充分考虑家庭的收入、家庭成员的愿望和能力、时间等，从而有效地配置家庭的稀缺资源。由此可以引申到社会，社会也面临许多决策。一个社会必须决定有哪些工作以及由谁来干这些工作。社会需要一些人种粮食，需要一些人做衣服，需要一些人开发软件，需要一些人从事金融等，从而有效配置社会的稀缺资源。自然赋予人类的资源是有限的。如何合理地配置和利用有限的资源，就成为人类社会永恒的话题。经济学正是为解决这个人类最重要最基本的问题而产生的，所以经济学被称为"社会科学的皇后"。

一、欲望与稀缺性

人活着就有欲望，欲望的意思是想要，比如饿了想要吃饭、渴了想要喝水、困了想要睡觉，这是人类最基本的生存需求；满足之后，人类就想要安全，想与人交往，希望被他人尊重、被社会认可，最后希望实现自己的人生目标、实现自己的人生价值。这就是著名的心理学家马斯洛的需求层次理论，是对人类欲望最经典的诠释。在我国，早在明朝，有个大学问家叫朱载堉写了一首散曲，把人类的无穷欲望描写得入木三分：

> 终日奔忙只为饥，才得有食又思衣。
> 置下绫罗身上穿，抬头又嫌房屋低。
> 盖下高楼并大厦，床前却少美貌妻。
> 娇妻美妾都娶下，又虑出门没马骑。
> 将钱买下高头马，马前马后少跟随。
> 家人招下数十个，有钱没势被人欺。
> 一铨铨到知县位，又说官小势位卑。
> 一攀攀到阁老位，每日思想要登基。

> 一日南面坐天下，又想神仙来下棋。
> 洞宾与他把棋下，又问哪是上天梯。
> 上天梯子未做下，阎王发牌鬼来催。
> 若非此人大限到，上到天上还嫌低。

由此可见资源的稀缺不是指资源的绝对数量的稀缺，而是指相对于人的无限欲望而言，社会用于满足人的欲望的资源总是不足。稀缺性存在于一切社会和人类历史的各个时期。无论是早期的原始社会还是当今社会；无论是贫穷的非洲还是富裕的欧美都存在稀缺性。对穷人来说，钱是稀缺的。对富人来说，可能时间资源就是稀缺的。当你吃自助餐的时候，总想把钱吃回来，要不然就认为自己亏了，此时你的胃容量是稀缺的，总嫌自己的胃太小。

经济学正产生于稀缺性，经济学的研究对象也正是由这种稀缺性所决定的。

二、资源配置

欲望毕竟太大，而资源又总是那么稀缺，它永远比欲望少，即使再怎么发展生产，也并不是所有欲望都能得到满足，而只能满足一部分。那人类就要决定：让哪些欲望得到满足，哪些欲望不满足，至少是暂时不满足。经济学家把这些选择概括为三个方面：

第一，生产什么和生产多少。资源的稀缺性意味着不可能什么都生产，所以，生产一种东西就意味着放弃另外的东西。一亩地，种了玉米，就不可能同时再种水稻。或者生产多少玉米，多少水稻，因此需要仔细考虑究竟选择生产什么，满足什么欲望。

第二，如何生产。生产可以采取不同的方式。比如，经营快递公司，可以用飞机送快递，也可以用汽车送快递，还可以用电动车送快递。但是除了联邦快递等几家大公司用飞机送之外，大量的小快递公司，只能用汽车。因为小公司很多，竞争很激烈，主要靠收费低来维持经营，如果用飞机送，只能亏损倒闭。还有送外卖的，几乎都用电动自行车，尽管汽车可能更快，但是那样成本太高。这说明，用什么方式生产很重要，需要仔细考量，做出决策。

第三，生产出来的产品如何分配。怎样把东西分到每个人手里呢？要靠规则。不同的规则对人们的影响和造成的后果是不一样的，社会要想和谐，就必须采取妥当的办法，采取合理的规则，所以如何分配，人类也得做出选择。

稀缺性是人类社会各个时期和各个社会所面临的永恒问题，所以，选择"生产什么""如何生产"和"为谁生产"的问题，也就是人类社会所必须解决的基本问题，这三个问题称为资源配置问题。也正是在这种意义上，许多经济学家把经济学定义为"研究稀缺资源在各种可供选择的用途之间进行分配的科学"。

三、资源利用

人类社会往往面临这样一种矛盾：一方面资源是稀缺的，另一方面稀缺的资源还得不到充分的利用。因此，如何有效地利用稀缺资源生产出尽可能多的物品来满足人们的需求，就是经济学研究的另一个基本问题，即资源利用问题。资源利用包括三个相关的问题：

第一，为什么资源得不到充分利用。如何使稀缺资源得到充分利用，经济生活中既不存在资源的闲置，也不存在资源的浪费，使社会既定资源实现产量最大化，即如何实现"充分就业"的问题。

第二，在资源既定的情况下为何产量有时高有时低，经济中为什么会出现周期性波动。研究资源的充分利用，就是要考虑如何用既定的资源生产出更多的物品，即如何实现"经济增长"的问题。

第三，商品社会离不开货币这种交易媒介，货币购买力的变动会对资源利用产生很大的影响。如果物价水平过低，会导致资源利用不足，失业增加，造成通货紧缩；如果物价水平过高，会导致资源利用过度，造成通货膨胀问题。这也就是一般说的"通货紧缩与通货膨胀"的问题。

由以上可以看出，稀缺性不仅仅引起了资源配置问题，同时引起了资源利用问题，正因为如此，许多经济学家认为经济学是"研究资源配置和利用的科学"。

第二节 微观经济学与宏观经济学

经济学研究的对象是资源配置与利用，由此形成了研究不同问题的经济学分支：研究资源配置的微观经济学与研究资源利用的宏观经济学。

一、微观经济学

"微观"的英文为"Micro"，原意是"小"。微观经济学以市场中单个经济单位为研究对象，通过研究单个经济单位的经济行为和相应的经济变量数值的决定来说明价格机制如何解决社会资源配置的问题。在这里有几点需要注意：

第一，微观经济学研究的对象是单个经济单位。单个经济单位指组成经济的最基本的单位是居民和厂商。居民又称家庭，是市场中商品的购买方，消费者；厂商主要是指企业，是市场中商品的供给者。并且假设，所有的居民和厂商的行为目标都是实现自身利益的最大化。消费者居民用户通过购买到物美价廉的商品实现自身的满足程度最大化(效用最大化)；生产者通过使用不同的生产要素组合用于各种商品的生产从而实现自身的利润最大化。

第二，微观经济学解决的问题是资源配置。也就是解决生产什么，如何生产，为谁生产的问题。

第三，中心理论是价格理论。价格就像一只看不见的手调节着整个市场经济活动。微观经济学正是要说明价格这只看不见的手是如何使资源达到最优配置。英国古典经济学家亚当·斯密在其著作《国民财富的性质和原因的研究》中提出了"看不见的手"的原理。他认为，每个人都力图用好他的资本，使其产出能实现最大价值，一般说来，他既不企图增进公共福利，也不知道他能够增进多少，他所追求的仅仅是一己的安全或私利。但是他这样做的时候，有一只看不见的手在引导他去帮助实现另外一种目标，尽管该目标并非他的本意。追求个人利益的结果，使他经常地增进社会的利益，其效果要比他真的想要增进社会的利益时更好。

第四，研究方法是个量分析。微观经济学研究经济变量单项数值的决定。例如，单个商品的需求量和价格之间的关系；单个消费者如何分配手中的收入用于不同商品的购买实现自身效用水平最大化；单个厂商如何分配生产要素的使用生产出商品实现自身利润最大化等。

【阅 读】 1-1

亚当·斯密

亚当·斯密(Adam Smith,1723—1790),是公认的古典学派卓越的创始人,出生于苏格兰的港口和制造业城镇柯科迪。父亲在斯密出生以前就去世了,斯密是个遗腹子。年轻的斯密14岁时就进入格拉斯哥大学学习,后来又到牛津的巴利奥尔学院学习道德与政治科学、语言学。1751年,他当选为格拉斯哥大学的逻辑学教授,第二年又被聘为道德哲学教授,并在这个职位上干了近12年。1759年,出版了《道德情操论》。斯密辞去教授职务,做了查尔斯·汤森(Charles Townsend)的继子的家庭教师。查尔斯·汤森是当时的财政部长。斯密利用他做家庭教师的收入,在法国生活了两年多,在那里他与重农主义者,包括魁奈和杜尔阁建立了亲密的个人友谊。1776年斯密出版了《国民财富的性质和原因的研究》,即《国富论》。这本书出版后立即获得了很高的声誉,并为斯密赢得了永久的声誉。

斯密在经济学中的主要贡献是:提出分工促进经济增长的原理;批判了重农主义和重商主义,重农主义认为农业是唯一创造财富的产业,重商主义则认为商业流通是财富的唯一源泉,斯密在理论上批判了他们的偏见,认为只要包含人类劳动的产品都是有价值的;提出了政府的职能,即建立并维持必要的公共工程;提出了赋税的四项原则,即公平、确定、便利、节省,直到今天仍然指导各国的税收。斯密最为人所知的是提出了"看不见的手"的学说。他认为,人类社会存在着一种和谐的自然秩序。显然,斯密在哲学上受到了亚里士多德、洛克和休谟等人的影响。斯密的哲学思想和经济学思想,影响了后来的经济学家如李嘉图、马尔萨斯和凯恩斯等。斯密的《道德情操论》讲的是"利他"促进社会和谐,而《国富论》又说"利己"促进社会和谐,这被认为是一个矛盾,即"斯密悖论"。

斯密口吃,可是演讲起来却滔滔不绝;他钟爱一个姑娘,但却因为近视和这个姑娘在舞会上擦肩而过,终身未娶。斯密奉母至孝,和母亲相依为命,1790年,仅仅在他母亲去世几年后,他也离开了人世。去世之前,他烧毁了全部未定稿,以免给后人留下不必要的争议,可见其学术品德的高尚。

二、宏观经济学

宏观经济学以整个国民经济活动为研究对象,通过研究经济总量的决定及其变化,来说明资源的充分利用问题。宏观经济学的内容很广泛,本书主要涉及以下几个内容:

第一,国民收入简单决定理论。国民收入是衡量一个国家资源利用和整个国民经济状况的基本指标。国民收入决定理论从总需求和总供给出发,分析国民收入决定及其变动的规律,是宏观经济学的核心。

第二,宏观经济政策。宏观经济学是为国家干预经济服务的。宏观经学要为国家干预经济提供理论依据。具体介绍财政政策和货币政策。

第三,失业和通货膨胀。这是各国经济中最主要的问题,分析失业和通货膨胀产生的原因和影响;失业和通货膨胀之间的关系。

第四,经济周期与经济增长理论。经济周期主要分析国民收入的短期波动,经济增长分析国民收入的长期增长趋势。通过分析收入短期波动的原因、长期增长的源泉等问题,探讨如何实现经济长期稳定增长。

三、经济学的基本假设

相对于现实来说,所有的科学都不是真事,因为科学有自己的假设,在假设前提下,推演出的一系列结论,很难成为现实。世界上不可能有不受约束,放之四海而皆准的理论,一切以此标榜的所谓理论,都是毫无用处的鬼话。经济学作为一门科学,也有自己的假设。

第一,经济人假设。经济人假设也称为理性人假设,是指参与经济活动的所有人都是以利己为目的的理性经济人,他们自觉地按利益最大化原则行事,既能把最大化作为目标,又知道如何实现最大化。也就是说他们是完全理性的。只有在这一假设条件下,价格调节实现资源配置最优化才是可能的。

第二,完全信息假设。完全信息假设即假设市场上的每一个消费者和厂商都可以免费而迅速地掌握与自己的经济决策有关的一切信息。信息是确定的而且不存在信息不对称的问题。

第三,市场出清假设。市场自发作用、无需政府干预是指无需政府干预,市场完全有能力通过价格调节资源配置和利用,使整个社会达到充分就业的供求平衡状态。商品价格的调节使商品市场均衡,利率的调节使金融市场均衡,工资的调节使劳动市场均衡。在这种均衡状态下,不存在资源的浪费和短缺,资源达到了最优的配置。

第三节 经济学的研究方法

经济学之所以成为独立的科学,并且在很大程度上改变了世界的面貌,是因为经济学家看世界的方式和常人不同,也与其他社会科学,比如社会学、政治学和法学不同,经济学家有自己一套看问题、看世界的方法,这些方法帮助人们更科学地认识了外部世界和人类自身,提高了人类解决自身问题的能力。

第一,实证分析与规范分析。实证分析是只对经济现象、经济行为或经济活动及其发展趋势进行分析,从而得出一些规律性的结论。它回答"是什么"的问题。规范分析是指依据一定的价值判断,提出某些分析处理问题的标准,研究怎样符合这些标准的理论和政策的分析方法。它回答"应该是什么"的问题。

第二,均衡分析与边际分析。均衡本来是物理学上的一个概念,是指一个物体在大小相等方向相反的两个力的作用下,暂时保持一种静止的状态,经济学把这个概念借过来,作为分析问题的基本方法。人们做某件事情,是因为有好处,可是好处再多的事情一直做下去也会变成不好的事情,这叫"物极必反"。所以做事情做到什么程度,要看边际好处和边际坏处在哪里相等。在此之前,应该继续做,好处继续增加;在此后应该减少做,减少才会使得净好处增加,这样利益才会最大化。均衡是一种暂时的静止状态,静止意味着事物以某种状态持续一段时间,也就是稳定一段时间。

【阅读】 1-2

"均衡"给我们的启发

人们常常嘲笑老年人保守,害怕变化。其实,害怕变化是人的普遍特征,变化意味着不确定性,当人面临不确定性的时候,就会紧张,行动失据,遭受损失。而均衡就是一种稳态,一种确定,因为至少暂时不会变化,只有当事情处于不变状态时,才有机会观察认识它们。如果事情从不停下来,变化莫测,认识它们几乎不可能。均衡还意味着事物的变化是缓慢的,是一点一点发生的。比如,人类总的趋势是在进步,可是进步是渐进的。马歇尔有句名言"自然不能飞跃",不能飞跃的意思就是变化比较慢。因为有不同的力量在影响事物的运动,而且方向不一致。

假如你熟悉的一个人,今天和昨天的样子差距太大,跟整容似的,你就认不出他,幸亏变化得比较慢,生活才不会太混乱。均衡也意味着各种力量达至妥协。做事情,就是考虑各种因素,求得一种均衡的、让各方都接受的结果,这样大家才会相安无事。如果不能做到均衡,事情就不会结束,就如谈判,难就难在各方利益的均衡,必须做出妥协才能有结果。均衡对我们的启发是为了达到有意义的结局,必须调整自己的行为,同时不能顾此失彼。

边际分析,边际原本是个数学概念,其含义是倒数,是一个变量的变化对另一个变量的影响程度。经济学上,边际的意思是"最后的",或者"新增加的"。边际考虑,就是只考虑最后的一单位或者新增加的一单位因素所引起的变化,从而判断事情的整体性质。边际意味着最后一个,与新增加的一个相差非常小。在数学上,这个性质叫"连续"。可能有人说,第 99 个和第 100 个可能相差得非常多,那是单位太大的缘故,只要不断缩小单位,差距要多小就有多小。

【想一想】

假定只有一亩地,如果一个人种,可以打 1 000 斤稻米,但是两个人却不会打 2 000 斤,只能打 1 800 斤,三个人只能打 1 900 斤,如此等等。想想,如果是一万个人,能打多少斤?如果有一百个人种这一亩地,那么每个农民应该得到多少工资(分到多少稻米)?

【阅读】 1-3

卡尔·门格尔

卡尔·门格尔(Carl Menger,1840—1921)出生于加利西亚,是一位律师的儿子,曾在维也纳大学和布拉格大学学习,在克拉科夫大学获得博士学位。作为维也纳大学的教授,1871 年,门格尔出版了他的开创性著作《国民经济学原理》(Principles of Economics)。1903 年,他辞去了教授职位全身心投入到写作中去。在他漫长一生的最后 30 年,他出版的作品很少,因为他对于自己的写作不满意。去世之后,留下了大量不完整的、混乱的手稿。门格尔对经济学直接的和长远的影响都是巨大的。许多后来被统称为奥地利学派的经济学家都支持和不断扩展他的思想,他与英国人斯坦利·杰文斯,瑞士籍法国人列昂·瓦尔拉斯各自独立地提出边际效用概念和理论。他们被称为"边际革命三杰"。

边际革命,将经济学研究从只关注供给,转而关注需求;从只研究客观因素,转而研究主观因素,为建立更科学的价值理论开辟了新的道路,奠定了现代经济学基础。边际思维方式,已经成为经济学最有力的思维方式之一。

1871年,门格尔发表《国民经济学原理》,从而无争议地开创了经济学的奥地利学派。奥地利学派是经济学的重要流派,直到今天还有重大影响。继门格尔之后,奥地利学派的领军人物都大名鼎鼎,比如庞巴维克、米塞斯、哈耶克等。奥地利学派的哈耶克是1974年诺贝尔经济学奖的获得者,他甚至被称为20世纪最伟大的思想家之一。他的《通往奴役之路》《个人主义与经济秩序》《法律立法和自由》《致命的自负》《自有秩序原理》,都是经典大作。哈耶克和弗里德曼并称为自由市场经济的保护神。

门格尔是一位杰出的经济学教师,他讲课从来不看讲稿,除非要引用什么证据;他的语言深入浅出,据说连最笨的学生都能听懂,如果学生聪明还能从门格尔的讲授中悟出深意,因此,门格尔的课深受学生欢迎。

第四节 西方经济学发展历史及流派

经济学作为一门独立的学科是与资本主义生产方式的形成同时产生的。围绕西方经济学的发展历史,我们把它分为四个时期:重商主义、古典经济学、新古典经济学和现代经济学。

一、重商主义

重商主义产生于15世纪,终止于17世纪。自给自足的封建社会慢慢被新兴商业资本主义取代。国内与国际贸易日益繁荣,货币使用范围逐渐扩大。航海发展拓展了贸易范围,民族国家正在兴起,扩大殖民地范围,国家间的竞争越来越激烈,此时,赋予商人新贵身份、为经济和军事扩张进行政策辩护的学说形成。主要代表人物有英国托马斯·曼、法国安·德·孟克列钦等。把金银看作是财富的唯一形式,认为对外贸易是获得货币财富的真正源泉,只有在对外贸易中多卖少买,才能给国家带来货币财富。政策主张:保护贸易。但重商主义仅限于流通领域的研究,其内容没有形成一个系统的完整体系。

二、古典经济学

古典经济学从17世纪中期开始,到19世纪70年代为止。主要代表人物有英国经济学家亚当·斯密、大卫·李嘉图、西尼尔、约翰·穆勒、马尔萨斯,法国经济学家让·巴蒂斯特·萨伊等人。古典学家研究的中心是国民财富如何增长。古典学家假设自利行为是人类天性的基础,通过追求自身利益最大化,也为社会利益最大化做出了贡献。自由竞争的市场力量能够引导生产、交换和分配。政府的活动仅限于界定财产所有权,提供国防和教育。所有的经济资源都为国家财富做出了贡献。古典经济学家把经济研究从流通领域转移到生产领域,使经济学真正成为一门独立体系的科学。

三、新古典经济学

新古典经济学从19世纪70年代的"边际革命"开始,到20世纪30年代结束,中心思想还是自由放任,是对古典经济学的延续。但是研究方法和研究角度有很大的创新和发展。主要代表人物是奥地利学派经济学家门格尔,英国经济学家杰文斯,瑞士洛桑学派的法国经济学家瓦尔拉斯,他们提出了边际效用价值论,引发了经济学上的"边际革命"。边际效用价值论认为商品的价值是由商品的效用水平决定的,是主观评价,并引入了新的分析方法叫边际分析法。1890年,英国剑桥学派经济学家马歇尔出版了《经济学原理》,这本书综合了当时的经济理论,被称为新古典经济学的代表作。新古典经济学明确把资源配置作为经济学的研究中心,论述了价格是怎样使社会资源达到最优化配置,从而从理论上证明了以价格为中心的市场机制的完善性。

四、当代经济学

当代经济学以20世纪30年代凯恩斯主义的出现为标志。20世纪30年代,西方国家爆发了严重的经济危机,传统的经济理论与现实经济状况发生了尖锐的冲突,这时,英国经济学家凯恩斯在1936年发表了《就业、利息和货币通论》(简称《通论》)一书。凯恩斯从总需求出发分析了国民收入的决定因素,并从有效需求不足的角度解释了失业存在的原因,提出国家干预经济的政策主张。因此凯恩斯是当之无愧的现代宏观经济学之父。后来,美国经济学家萨缪尔森等人把凯恩斯的宏观经济学与新古典经济学的微观经济学结合在一起,形成了新古典综合派。新剑桥学派代表人物琼·罗宾逊等以分配理论为中心完成了凯恩斯革命,英国经济学家斯拉伐发展与完善了劳动价值论。60年代末,西方国家发生了滞胀危机(即失业与通货膨胀并存)对凯恩斯理论构成了极大的挑战,使得自由放任思想得以复兴。出现了以弗里德曼为首的货币主义学派和以卢卡斯为首的理性预期学派,从不同角度论述了市场机制的完善与减少国家干预,充分发挥市场机制作用的主张。

【课后练习】

一、名词解释

稀缺性　　资源配置　　资源利用　　实证分析　　规范分析　　均衡分析
边际分析　微观经济学　宏观经济学

二、思考题

1. 简述经济学的研究对象和研究方法。
2. 你认为"经济学是社会科学皇冠上最璀璨的那颗明珠"这个说法是否正确,为什么?

三、实践操作

请实地调查,收集资料,分析说明作为一名当代大学生,如何合理配置和利用自己的资源,比如时间、生活费等。

实践步骤:

1. 选择调查对象:大一新生;
2. 调查方法:抽样调查;
3. 调查专业:本科3个专业,专科2个专业;
4. 设计调查问卷;
5. 整理资料并完成分析报告。

第二章

需求与供给定理

供给与需求是经济学家最常用的两个词——而且有充分的理由。供给与需求是使市场经济运行的力量。它们决定了每种物品产量及其出售的价格。如果你想知道任何一种事情或政策将如何影响经济,你就应该先考虑它将如何影响供给与需求。

唐代大诗人白居易的名作《卖炭翁》中云,"可怜身上衣正单,心忧炭贱愿天寒"。为什么自己冻得要死,还要希望天气更冷呢?因为木炭是用于取暖的,所以天气越冷,购买木炭的人才会越多,木炭才越有可能卖个好价钱。因此卖炭翁很自然地就希望天气寒冷才好。其实这正是由于市场上的供求关系发生变化而导致的。

在西方经济学界流传着这样一句有意思的谚语:"你甚至于可以使鹦鹉成为一个博学的政治经济学者——它所必需学的就是供给与需求这两个名词。"

价格理论是微观经济学的中心理论,而需求和供给是决定价格的两种基本力量。本章主要介绍需求、供给、均衡价格、需求的价格弹性等理论及其运用。

第一节 需求理论

人们进行经济活动是为了满足相应的需要,研究消费者的需求是厂商经营活动的起点。

一、需求

1. 需求的概念

需求(Demand)是指消费者在一定时期内,在每一价格水平下愿意而且能够购买的某种商品或劳务的数量。

"愿意"是指有购买欲望,"能够"是指有购买能力。从需求的概念可以看出,对于厂商而言,市场上的有效需求应该具备两个条件:(1)消费者要具有购买欲望;(2)消费者要具有购买能力。需求必须是购买欲望与购买能力相统一的有效需求。

需求可分为个人需求和市场需求。个人需求指单个消费者(或单个家庭)对某种商品的需求;市场需求指全体消费者对某种商品需求的总和。由此可以推断,如果将同一价格水平上所有个人需求量逐一相加,就能够得出相应的市场需求量,同时可以得出每一价格水平与其对应的市场需求量组合的集合即市场需求。

【想一想】

如果你知道每条个人需求曲线,你能通过怎样的方式找到市场需求曲线?_____

A. 在每一价格水平上求出平均的需求数量
B. 将所有的价格加总
C. 在每一价格水平上加总每个个体购买的数量
D. 将所有的价格取平均

2. 影响需求的主要因素

影响需求的因素有很多,主要有以下几种:

(1) 商品自身的价格

一般而言,在其他因素不变的条件下,一种商品的价格越高,其需求量越小;反之,价格越低,其需求量越大,即商品的需求量与自身价格呈反方向变化。

(2) 消费者的收入水平

对于多数商品而言,当消费者的家庭收入水平提高时,就会增加对商品的需求量;当消费者的收入水平下降时,就会减少对商品的需求量。所以,增加国民收入就能起到扩大内需、刺激生产的作用。

(3) 相关商品的价格

当一种商品本身的价格保持不变,而与它相关的其他商品的价格发生变化时,这种商品的需求会发生变化。商品之间的相互关系有两种:互补关系与替代关系。

① 互补关系,又称互补品,指两种商品互相补充共同满足人们的某一需要,如钢笔与墨水,香烟与打火机,家用电器与接线板等。互补品之间,一种商品的需求与其互补品的价格呈反方向变化,即一种商品的价格上升,消费者对另一种商品的需求就会减少;反之亦然。

② 替代关系,又称替代品,指两种商品都能独立满足人们的同一种需要,如茶叶和咖啡,猪肉和牛羊肉等。替代品之间,一种商品的需求与其替代品的价格呈同向变化,即一种商品的价格上升,消费者对另一种商品的需求就会增加;反之亦然。

【案例】 2-1

相关商品价格对商品需求的影响
——汽油价格与小型汽车的需求

在20世纪70年代,美国的汽油价格上升,这一变化马上对小型汽车的需求产生了影响。第一次在1973年,当时石油输出国组织(欧佩克)切断了对美国的石油输出;第二次是在1979年,由于伊朗国王被推翻而导致该国石油供应瘫痪。经过这两次事件,美国的汽油价格从1973年的每加仑0.27美元猛增至1981年的每加仑1.40美元。作为"轮子上的国家",石油价格急剧上升当然不是一件小事,美国人面临一个严峻的节省汽油的问题。既然公司和住宅的距离不可能缩短,人们只好继续奔波于两地之间。美国汽车驾驶者找到的解决办法之一就是当他们需要放弃自己的旧车,购置新车的时候,选择较小型的汽车,这样每加仑汽油就可以多跑一段距离。这一决定导致大中型汽车的销售量自20世纪70年代以来迅速下降,小型汽车的销售却持续攀升。

【思 考】

(1) 汽油与汽车间有何关系?

(2) 小型汽车与大中型汽车之间有何关系?
(3) 汽油价格上涨,大中型汽车需求会怎么变化? 小型汽车需求会怎么变化?
(4) 你从案例中得到的启示是什么?

(4) 消费者的偏好

偏好是指消费者对某种商品的喜欢和偏爱。消费者越偏好某种商品,对这种商品的需求就越大;当偏好减弱时,对这种商品的需求就会减少。消费者的偏好可能来自个人爱好,也可能是由于社会习俗或宗教信仰,如我国南方人喜欢吃米饭,北方人喜欢面食等。

(5) 消费者对未来的预期

消费者对未来的预期包括对商品价格水平和自身收入水平的预期。消费者预期商品涨价,会增加当前购买,现期需求增加;消费者预期商品跌价,会减少当前购买,现期需求减少。消费者预期自身未来收入水平提高,会增加现期需求;反之,则会减少现期需求。

(6) 人口数量及结构变动

商品的需求与人口数量同向变动,即人口数量的增加会使需求数量增加,人口数量减少,会使需求数量减少。中国有13亿多人口,这是世界上最大的市场,很多外国企业就看重中国这个巨大的市场,纷纷进军中国市场,来销售他们的商品。人口结构的变动会影响需求的结构,从而影响某些商品的需求。如我国已进入老龄化社会,随着老年人的比重增加,对药品、保健、陪护服务等的需求增加,而对少儿用品的需求相对减少。

总之,影响需求的因素是多种多样的,甚至除上述六项因素外,广告投放规模、政府政策、自然灾害、气候变化、流行瘟疫及战争等,都可以对消费者的需求产生影响。

【案例】 2-2

茅台酒价格大跌60%走下神坛

据《时代周报》2014年11月4日报道(记者王媛),自2012年年底以来,新一届政府强势推进反腐政策,以依靠政务消费为支撑的茅台酒业,今年第三季度营业收入与净利润急跌,同比分别下降5.26%和9.39%,曾经飞涨的茅台酒价格一降再降,如53度飞天茅台由2012年高峰期的每瓶(500 mL)2 300元降至目前的近900元,跌幅超过60%。

【思 考】

茅台酒价格下跌是由什么原因造成的?

二、需求表、需求曲线与需求函数

需求可以用需求表、需求曲线和需求函数来表达。

1. 需求表

需求表是表示某种商品的不同价格与其所对应的需求量之间关系的表格。表2-市猪肉的需求表。

表 2-1　某超市猪肉的需求表

	a	b	c	d	e
价格(元/kg)P	10	20	30	40	50
需求量(kg)Q	100	80	60	40	20

从表 2-1 的数据结合前面关于商品自身价格对其需求量的影响,可以得出结论,猪肉的需求量与价格成反比。价格越高,需求量越小;价格越低,需求量越大。

2. 需求曲线

需求曲线是表示价格与需求量关系的曲线,是指其他条件相同时,在每一价格水平上消费者愿意购买的商品数量的图形表现。将表 2-1 中的数据描述在坐标图中,就可以得到某超市猪肉的价格与需求量的关系曲线(如图 2-1 所示)。

在微观经济学中分析需求曲线和价格曲线时,通常以纵轴表示自变量 P,以横轴表示因变量 Q。

3. 需求函数

需求函数是用来表示一种商品的需求数量和影响该需求数量的各种因素之间的相互关系的函数。其中,影响需求数量的各种因素是自变量,需求数量是因变量。在处理这种复杂的多变量问题时,通常把影响因素放在商品本身的价格水平上,而同时使其他影响因素保持不变。这是因为一种商品的价格是决定需求数量的最基本的因素。由此可以得到狭义的需求函数:

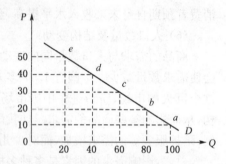

图 2-1　某超市猪肉的需求曲线

$$Q_d = Q(P)$$

式中:P 为商品的价格,Q_d 为商品的需求量。

图 2-1 中的需求曲线是一条直线,实际上需求曲线可以是直线型的,也可以是曲线型的。当需求曲线为线性函数时,相应的需求曲线是一条直线,直线上各点的斜率是相等的。当需求曲线为非线性函数时,相应的需求曲线是一条曲线,曲线上各点的斜率是不相等的。为了简化分析过程,在不影响结论的前提下,大多使用线性需求函数,其形式为:

$$Q_d = a - bP$$

式中,a、b 为常数,且均大于 0。a 为截距,是与价格 P 无关的自发性需求;$-b$ 为斜率,表明需求量与价格成负相关。

例如:某种商品的需求函数为 $Q_d = 20 - 4P$,当 $P = 2$ 和 $P = 3$ 时,其需求量分别是多少?

三、需求定理及特例

1. 需求定理

需求定理是反映某种商品自身价格与其需求量之间关系的理论。对于正常商品来说,在其他条件不变的情况下,某商品的需求量与其价格之间成反方向变动,即需求量随着商品本身价格的上升而减少,随商品本身价格的下降而增加,这就是需求定理。

2. 需求定理的特例

需求定理反映一般商品的需求规律，对于特殊商品则例外。典型的特殊商品有炫耀性商品、吉芬物品和投机性商品。

（1）炫耀性商品是指用来显示人们身份和社会地位的商品，如贵重首饰、高档手表、豪华轿车等，这类商品只有在高价时才有炫耀的作用，通常价格越高，富人越愿意购买，从而彰显自己的富有。

（2）吉芬物品，又叫低档物品，是指在其他因素不变的情况下，价格上升需求量反而增加的商品。英国经济学家吉芬发现，1845年爱尔兰大灾荒时，马铃薯的价格上升，需求量反而增加，这是因为马铃薯的价格上升，意味着人们的实际收入减少，而同时又不存在更廉价的可供替代的必需品，致使马铃薯的需求量大增。在当时被称为"吉芬难题"。

（3）投机性商品的需求量对价格变化的反应呈现出不确定。有时候价格越高，消费者需求量越大，也有时候价格越低，需求量越大，价格变化不太确定。投机性商品有股票、债券、黄金、邮票等，投机性商品受人们心理预期影响大，需求呈不规则变化。

【案例】2-3

吉芬难题

吉芬物品指的是价格上升引起需求量增加的物品。英国统计学家罗伯特·吉芬最早发现，1845年爱尔兰发生灾荒，土豆价格上升，但是土豆需求量反而增加了。这一现象在当时被称为"吉芬难题"。

英国经济学家马歇尔在其著名的《经济学原理》(1980)一书中详细讨论了这个问题，并在分析中提及罗伯特·吉芬的看法，从而使得"吉芬商品"这一名词流传下来。在发生灾荒的爱尔兰，土豆是一种非常强的低档商品。当土豆价格上升时，消费者变穷了。收入效应使消费者想少买肉并多买土豆。同时，由于土豆相对于肉变得更为昂贵，替代效应使消费者想购买更多的肉和更少的土豆。但是，在这种特殊的情况下，收入效应如此之大，以至于超过了替代效应。结果消费者对土豆的反应是少买肉，多买土豆。这样就可以解释"吉芬难题"了，也称"土豆效应"。

当经济危机大萧条来临时，人们首先削减的，是奢侈品和高档产品的需求；而廉价且能填饱肚子的土豆的需求，反倒上涨。这就是危机所带来的机会。经济危机越严重，"土豆效应"越明显。

在英国，不少中高收入家庭资产大幅缩水，他们的股票跌得伤筋断骨，他们的股票期权化为泡影，他们没有了奖金分红，他们甚至会主动降低自己的基本工资，以免老板破产、公司倒闭，使他们加入到失业大军中去。2008年，沃尔玛宣称其10月份零售增长占到全美除汽车和餐饮业外零售增长的一半，正是"土豆效应"在发挥作用。除了经济型酒店意外走强的入住率印证了"土豆效应"外，一些大众化的平价小餐饮也意外受到市场的热捧，再次论证了"土豆效应"的存在。不少中高收入家庭资产大幅缩水，即使外出用餐，都尽量避免到高级餐厅消费。如今高级餐厅生意大不如前，麦当劳反倒人丁兴旺。对此，英国麦当劳快餐店发言人表示："汉堡包繁荣的时代重新来临了。"在美国，据万事达卡统计，2008年10月全美高端消费品（指

1 000美元以上商品)销售出现明显萎缩,奢侈品销量更下滑20.1%,几乎任何一种商品,只要售价超过1 000美元,全都面临巨大销售压力。

四、需求量的变动与需求的变动

经济学严格区分需求的两种变化,一种是需求量的变动,另一种是需求的变动。

需求在概念上是"一条线",是每一价格水平与其对应的需求数量组合点的集合;而需求量则是需求曲线上的"一个点",是某一具体价格水平下的需求数量。

1. 需求量的变动

需求量的变动是指在其他影响因素不变的条件下,由商品自身价格变化引起的该商品需求数量的变动。其变动结果表现为同一条需求曲线上点的移动,向左上方移动,表示需求量减少,向右下方移动表示需求量增加,如图2-2所示。

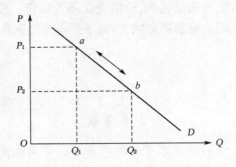

图2-2 需求量的变动

2. 需求的变动

需求的变动是指在商品自身价格不变的条件下,由其他影响因素变化引起的该商品需求数量的变动。其变动结果表现为整条需求曲线的平移,向左平移表示需求减少,向右平移表示需求增加,如图2-3所示。

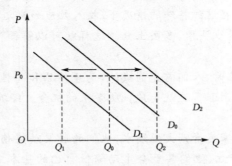

图2-3 需求的变动

概括起来,需求变动与需求量变动的区别如表2-2所示。

表 2-2 需求的变动与需求量的变动

	商品自身价格	其他因素	图形表现
需求量的变动	变动	不变	同一条需求曲线上点的移动
需求的变动	不变	变动	整条需求曲线的位移

【想一想】

每年秋冬季节，我国多地频发重度雾霾，雾霾引起口罩、空气净化器、清肺食品的需求发生何种变化？超市的商品降价活动引起此类商品的需求发生何种变化？两者变化相同吗？为什么？

第二节　供给理论

一、供给

1. 供给的概念

供给(Supply)是指生产者(厂商)在一定时期内，在各种可能的价格水平下愿意并且能够提供生产的该种商品的数量。

"愿意"是指有销售欲望，"能够"是指有生产能力，因此，供给是销售欲望与生产能力相统一的有效供给。

供给也可以分为单个生产者供给和市场供给。单个生产者供给是指单个生产者对某种商品的供给，市场供给是指生产某种商品的全体生产者对该商品的总供给。所以从理论上可以得出，将同一价格水平上所有单个生产者的供给量逐一相加，就可以得出相应的市场供给量。并且，每一价格水平与其对应的市场供给量组合的集合即市场供给。

【想一想】

市场供给是_____供给的加总。
A. 个人
B. 商品
C. 单个厂商
D. 资源

2. 影响供给的主要因素

影响供给的因素很多，主要有以下几种。

(1) 商品自身的价格。一般而言，在其他因素不变的条件下，一种商品的价格越高，其供给量越大；价格越低，其供给量越小，即商品的供给量与自身价格呈同向变化。

(2) 生产技术水平。在资源既定的情况下，生产技术水平的提高会提高生产效率，使资源得到更充分的利用，从而降低生产成本，增加生产者的利润，使商品的供给增加。

(3) 生产要素的价格。在资源既定的情况下,生产要素的价格上升,产品的生产成本上升,在产品销售价格不变的情况下,厂商的利润减少,商品的供给减少;反之商品的供给增加。

(4) 相关商品的价格。当一种商品本身的价格保持不变,而其他相关商品的价格发生变化时,这种商品的供给会发生变化。

① 对于互补品,一种商品的供给与其互补品的价格呈同方向变动。在其他条件不变的情况下,互补品中一种商品的价格上升,该商品利润增加,厂商会增加供给,互补品的供给也会随之增加;反之,互补品的供给随之减少。例如茶叶与茶具为互补品,茶叶价格上升促使茶叶供给增加,配套使用的茶具的供给随之增加;新房与新房装修为互补品,受楼市降温的影响,新房因价格下降而供给减少,与之匹配的新房装修的供给也随之减少。

② 对于替代品,一种商品的供给与其替代品价格成反方向变化。在其他条件不变的情况下,替代品中的一种商品价格上升,该商品利润增加,厂商会增加供给,替代品中的另一种商品的供给会减少;反之,替代品中的另一种商品的供给增加。如某笔记本生产商既可生产台式电脑也可生产笔记本电脑,在其他条件不变的情况下,当笔记本电脑价格上升时,笔记本电脑利润增加,供给增加,台式电脑供给减少。2008 年国产大豆价格从每吨 6 000 元下跌到每吨 3 000 元,在东北地区,由于大豆价格下降,农民纷纷放弃种植大豆,选择种植收益相对较高的玉米。

(5) 生产者对未来的预期。如果生产者对未来的预期是乐观的,如预期未来商品的价格会上涨,生产者在制订生产计划时就会增加产量供给。如果生产者对未来的预期是悲观的,如预期未来商品的价格会下降,生产者在制订生产计划时,就会减少产量供给。

(6) 生产者的数量。一个行业进入的厂商越多,供给越大;反之,供给越小。

(7) 政府的政策。扶持性的经济政策,如降低进入壁垒、减少税收、财政补贴、低息甚至无息贷款等,可刺激生产,增加供给;而限制性的经济政策,如提高进入壁垒、增税、提高贷款利率等,则会抑制生产,减少供给。

此外,供给还受到一些特殊因素,如气候、自然灾害、战争及市场结构等的影响。

二、供给表、供给曲线与供给函数

供给可以用供给表、供给曲线和供给函数来表达。

1. 供给表

商品的供给表是一张表示某种商品的各种价格和与各种价格相对应的该商品的供给数量之间关系的数字序列表。表 2-3 是某超市猪肉的供给表。

表 2-3 某超市猪肉的供给表

	a	b	c	d	e
价格(元/kg)P	10	20	30	40	50
供给量(kg)Q	20	40	60	80	100

从表 2-3 的数据结合前面关于商品自身价格对其供给量的影响,可以得出结论,猪肉的供给量与价格成正比。价格越高,供给量越大;价格越低,供给量越小。

2. 供给曲线

供给曲线是用来表示商品的供给量与价格关系的曲线,是指其他条件相同时,在每一价格水平上生产者愿意出售的商品数量的图形表现。将表2-3中的数据描述在坐标图中,就可以得到某超市猪肉的价格与供给量的关系曲线,如图2-4所示。

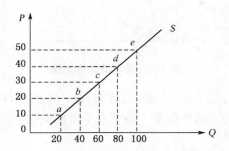

图 2-4 某超市猪肉的供给曲线

3. 供给函数

供给函数是某种商品的供给数量与其影响因素之间的相互关系,在前面讨论的诸多影响供给的因素中,最直接、最重要的因素是商品本身的价格。以 P 表示商品自身的价格(也就是自变量),Q_s 表示商品的供给量(也就是因变量),在假定其他因素不变的条件下,供给函数可表达为:

$$Q_s = f(P)$$

式中,P 为商品的价格,Q_s 为商品的供给量。

图2-4中的供给曲线是一条直线,实际上供给曲线可以是直线型的,也可以是曲线型的。当供给曲线为线性函数时,相应的供给曲线是一条直线,直线上各点的斜率是相等的。当供给曲线为非线性函数时,相应的供给曲线是一条曲线,曲线上各点的斜率是不相等的。为了简化分析过程,在不影响结论的前提下,大多使用线性供给函数,其形式为:

$$Q_s = -c + dP$$

式中,c、d 为常数,且均大于0。

三、供给定理及特例

1. 供给定理

供给定理是说明商品本身价格与其供给量之间关系的理论。在其他条件不变的情况下,某种商品的供给量与价格之间成同方向的变动,即供给量随着商品本身价格的上升而增加,随商品本身价格的下降而减少。

2. 供给定理的特例

供给定理反映一般商品的供给规律,对于特殊商品则例外。典型的特殊商品有劳动、供给量固定的商品和投机性商品。

(1)劳动的供给起初会随工资的提高而增加,但是当工资高到一定程度后,劳动者会更看重休闲娱乐,而对货币的需求并不迫切了,这时随着工资的进一步提高,劳动的供给反而会减少。因而劳动的供给曲线是一条向后弯曲的曲线(如图2-5所示)。

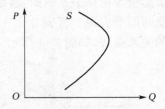

图 2-5　劳动的供给曲线

(2) 供给量固定的商品,如土地、古董、名画等,在一定的条件下,其供给量不会随价格变动而变动。因此,这类商品的供给曲线是一条垂直于坐标横轴的直线。

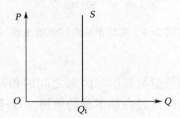

图 2-6　供给量固定商品的供给曲线

(3) 投机性商品,如股票、债券、黄金、邮票等,投机性商品受人们心理预期影响大,供给呈不规则变化。

【案例】 2-4

药品"降价死"的尴尬

多年来,为了让老百姓得到更多的实惠,国家多次实行统一药品降价,涉及的药品种类十分丰富,价格降幅明显:2007年1月26日,354种药品的最高零售价格平均降幅为20%,最大降幅达到85%;2007年4月16日,188种中成药最高零售价格降低,幅度最大的为52%;2009年10月22日,1058种药品价格平均降幅为12%左右;2011年3月28日,162个药品品种价格平均降低21%;2011年9月1日,82个药品品种价格平均降低14%;2012年5月1日起,53种消化系统类药品平均降低17%……

然而细心的消费者不难发现,那些物美价廉的"老药"渐渐的难觅踪影,遭遇了降价后下架即"降价死"的尴尬,取而代之的同类药品价格要比"老药"贵出7~8倍。

2014年4月26日,国家发展和改革委员会〔2014〕856号文件改进低价药品价格管理方法,取消政府制定的最高零售价格,并制定低价药品日均费用标准:西药不超过三元,中成药不超过五元。

(根据国家发展和改革委员会网站(http://www.sdpc.gov.cn/)相关通知整理)

【思 考】

（1）那些物美价廉的"老药"为何会遭遇"降价死"？试用经济学理论解释这一现象。
（2）怎样才能让老百姓得到真正的实惠？

四、供给量的变动与供给的变动

经济学严格区分供给的两种变化，一种是供给量的变动，一种是供给的变动。

供给在概念上是"一条线"，是每一价格水平与其对应的供给数量组合点的集合；而供给量则是供给线上的"一个点"，是某一具体价格水平下的供给数量。

1. 供给量的变动

供给量的变动是指在其他影响因素不变的条件下，由商品自身价格变化引起的该商品供给数量的变动。其变动结果表现为同一供给曲线上点的移动，向左下方移动表示供给量减少，向右上方移动表示供给量增加，如图2-7所示。

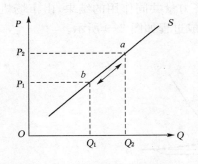
图2-7 供给量的变动

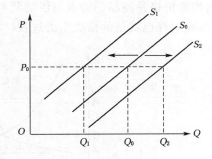
图2-8 供给的变动

2. 供给的变动

供给的变动是指在商品自身价格不变的条件下，由其他影响因素变化引起的该商品供给数量的变动。其变动结果表现为整条供给曲线的平移，向左平移表示供给减少，向右平移表示供给增加，如图2-8所示。

概括起来，供给变动与供给量变动的区别如表2-4所示。

表2-4 供给的变动与供给量的变动

	商品自身的价格	其他因素	图形表现
供给量的变动	变动	不变	同一条曲线上点的移动
供给的变动	不变	变动	整条供给曲线的位移

【想一想】

2016年我国橡胶跌价引起橡胶的供给发生何种变化，2016年韩国遭受四十年不遇的大旱，导致其白菜的供给发生何种变化，两者变化相同吗？为什么？

第三节　均衡价格理论

市场交易行为中,当买者愿意购买的数量正好等于卖者所愿意出售的数量时,我们称之为市场均衡。在商品或者服务的市场上,需求和供给是决定市场价格的两种相互对立的经济力量,买者希望价格更低,而卖者希望得到更高的价格,两种经济力量的相互作用使得市场达到均衡状态,处于均衡状态时的价格即为均衡价格。

一、均衡价格的决定

1. 均衡价格的概念

均衡价格(Equilibrium Price)是指一种商品的市场需求量与市场供给量相等时的市场价格。在均衡价格水平下的相等的供求数量叫做均衡数量。均衡是供求相等的状态,此时,市场上某种商品的需求曲线和供给曲线相交于一点,这一点叫做均衡点。

2. 均衡价格的决定

商品的均衡价格是商品的需求与供给两种经济力量共同作用的结果,由市场机制自发调节形成,其形成过程也就是价格决定的过程。其形成过程如图2-9所示。

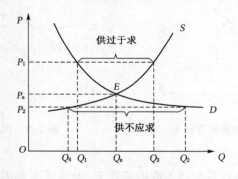

图2-9　供给的变动

在图2-9中,需求曲线D与供给曲线S相交于E点,E点就是此时的均衡点,其对应的价格P_e为均衡价格,对应的数量Q_e为均衡数量。当市场价格偏离均衡价格时,市场上会出现需求量与供给量不相等的非均衡状态,具体分两种情形:

(1) $P=P_1>P_e$,其市场价格高于均衡价格,如价格水平位于P_1,此时供给量Q_3大于需求量Q_1,商品供过于求将引起供给各方激烈竞争并竞相降价,供给量下降,供求关系趋于均衡状态。

(2) $P=P_2<P_e$,市场价格低于均衡价格,如价格水平位于P_2,此时供给量Q_4小于需求量Q_2,商品供不应求,引起需求各方激烈竞争,竞相购买,商品价格上涨,供给量上升,供求关系趋于均衡状态。

一般情况下,在市场机制的作用下,供求不相等的非均衡状态会逐步消失,市场价格会自动恢复到均衡价格水平。

将前面两节讨论过的某超市猪肉的需求表和供给表放在一起来考察猪肉的均衡价格,如表2-5所示。

表 2-5　某超市猪肉的供求状态分析表

	a	b	c	d	e
价格(元/kg)P	10	20	30	40	50
需求量(kg)Q_d	100	80	60	40	20
供给量(kg)Q_s	20	40	60	80	100
市场状态	供不应求	供不应求	均衡状态	供过于求	供过于求
价格变动趋势	上升	上升	不变	下降	下降

从表 2-5 中可以看出猪肉的均衡价格在 30 元/kg，超过这个价格，供过于求，低于这个价格，供不应求，只有等于这个价格的时候，供求相等，买卖双方都没有动力去调整，从而实现供求均衡。

均衡价格的决定条件还可以用下列函数来表达：

$$Q_d = a - bP$$
$$Q_s = -c + dP$$
$$Q_d = Q_s$$

通过求解联立方程式，可解得均衡价格和均衡供求量。

【案例】 2-5

经济学中"看不见的手"和"看得见的手"

"看不见的手"是 18 世纪英国经济学家亚当·斯密在《国富论》中提出的一个隐喻。最初的意思是，个人在经济生活中只考虑自己利益，受"看不见的手"驱使，即通过分工和市场的作用，可以达到国家富裕的目的。后来，亚当·斯密的后继者们以均衡理论的形式完成了对于完全竞争市场机制的精确分析。正常情况下，市场会以它内在的机制维持其健康的运行。其中主要依据的是市场经济活动中的经济人理性原则，以及由经济人理性原则支配下的理性选择。这些选择逐步形成了市场经济中的价格机制、供求机制和竞争机制。这些机制就像一只看不见的手，在冥冥之中支配着每个人，自觉地按照市场规律运行。

总的来说，"看不见的手"就是市场机制的调节作用，是自由放任式的经济模式。"看得见的手"是指政府对经济的宏观调节作用，比如凯恩斯主义。

20 世纪 80 年代改革开放初期，我国引进了几百条冰箱和彩电生产线，政府计划部门惊呼："重复引进，浪费资源"，并连下数道"金牌"加以制止。然而到下面没人买账，冰箱彩电发展势如破竹。"看不见的手"起到了巨大作用。经过十几年的兼并重组淘汰，中国成了世界冰箱彩电出口大国。而高度垄断、严密呵护的汽车行业至今仍是国家最大的保护对象，50 多岁了还是"幼稚产业"。

有这样一则故事，说的是山西某国有纺织厂在全国纺织行业连年不景气的情况下，生产经营蒸蒸日上，当记者问厂长有什么诀窍时，他说："您是想听实话还是官话？""当然是实话。""实话就是我们这里交通不便，上级领导一年到头也不来一趟，没法指导厂里工作。"这则故事告诉我们少了行政干预,"看不见的手"照样是撬动经济发展的杠杆。

但是"看不见的手"不是万能的。1929 年,世界性的经济危机爆发了,首先从美国开始,股市崩盘、企业破产、银行倒闭、工人失业……人们一夜之间突然发现"看不见的手"把经济搅得一塌糊涂。于是,这时又出现一只"看得见的手",也就是英国经济学家凯恩斯的国家干预理论。

什么时候用"看不见的手",什么时候用"看得见的手","看得见的手"管什么,怎样管?的确是政府经济管理部门的研究课题。

二、需求与供给变动对均衡价格的影响

一种商品的均衡价格是由其需求与供给共同决定的,而需求与供给又是不断变化的,需求或供给任何一方的变动都会引起均衡价格的变动。

1. 需求变动对均衡价格的影响

在供给不变的情况下,需求增加会使需求曲线向右平移,从而使得均衡价格和均衡数量都增加;需求减少会使需求曲线向左平移,从而使得均衡价格和均衡数量都减少,如图 2-10 所示。

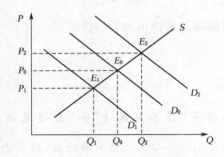

图 2-10　需求变动对均衡价格的影响

(1) 在图 2-10 中,供给不变时,既定的供给曲线 S 与初始需求曲线 D_0 相交于均衡点 E_0,此时均衡价格为 P_0,均衡数量为 Q_0。

(2) 当需求增加时,需求曲线向右上方平移,由 D_0 平移至 D_2,形成新的均衡点 E_2,此时均衡价格为 P_2,均衡数量为 Q_2。

(3) 当需求减少时,需求曲线向左下方平移,由 D_0 平移至 D_1,形成新的均衡点 E_1,此时均衡价格为 P_1,均衡数量为 Q_1。

2. 供给变动对均衡价格的影响

在需求不变的情况下,供给增加会使供给曲线向右平移,从而使得均衡价格下降,均衡数量增加;供给减少会使供给曲线向左平移,从而使得均衡价格上升,均衡数量减少,如图 2-11 所示。

(1) 在图 2-11 中,需求不变时,既定的需求曲线 D 与初始供给曲线 S_0 相交于均衡点 E_0,此时均衡价格为 P_0,均衡数量为 Q_0。

(2) 当供给增加时,供给曲线向右下方平移,由 S_0 平移至 S_2,形成新的均衡点 E_2,此时均衡价格为 P_2,均衡数量为 Q_2。

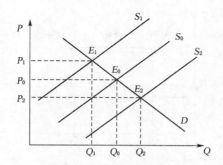

图 2-11 供给变动对均衡价格的影响

（3）当供给减少时，供给曲线向左上方平移，由 S_0 平移至 S_1，形成新的均衡点 E_1，此时均衡价格为 P_1，均衡数量为 Q_1。

3. 需求和供给同时发生变动对均衡价格的影响

若需求和供给同时发生变动，则商品的均衡价格和均衡数量的变化是难以肯定的，这就要结合需求和供给变化的具体情况来决定。

（1）供求同时增长

若需求增长的幅度大于供给增长的幅度，则均衡价格上升，均衡数量增加；

若需求增长的幅度小于供给增长的幅度，则均衡价格下降，均衡数量增加；

若需求增长的幅度等于供给增长的幅度，则均衡价格不变，均衡数量增加。

（2）供求同时减少

若需求减少的幅度大于供给减少的幅度，则均衡价格下降，均衡数量减少；

若需求减少的幅度小于供给减少的幅度，则均衡价格上升，均衡数量减少；

若需求减少的幅度等于供给减少的幅度，则均衡价格不变，均衡数量减少。

（3）需求增加，供给减少；需求减少，供给增加

这两种情况在此不做具体分析。

三、供求定理

在其他条件不变的情况下，需求变动分别引起均衡价格和均衡数量同方向变动，供给变动分别引起均衡价格的反方向变动和均衡数量的同方向变动。

四、政府限价的影响

由市场机制的自发调节作用形成的均衡价格并非万能，政府还会根据具体的经济形势采取一系列的经济政策，如限价、税收等政策，对市场价格进行干预。

政府限价是指政府对商品的价格水平或浮动幅度所做的限制或规定，常见的有最低限价和最高限价。

1. 最低限价

最低限价（Price Floor），又称保护价格或支持价格，指政府为了扶植某一行业的发展而规定的该行业产品的最低价格。最低价格总是高于市场均衡价格。实行最低限价政策可以保护生产者的利益，例如，许多国家制定农产品保护价格。

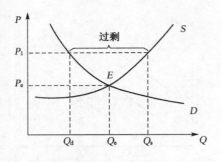

图 2-12　最低限价

在图 2-12 中,由市场机制自发形成的均衡价格为 P_e,均衡数量为 Q_e,政府为支持该行业发展而规定的价格为 P_1,最低限价 P_1 高于均衡价格 P_e,此时供给量 Q_s 大于需求量 Q_d,市场上出现产品过剩的情况。

为了维持最低限价,政府通常会收购市场上过剩的产品,用于国家储备或出口。最低限价政策主要适用于少数重要的农产品,现阶段我国执行最低收购价的农产品有小麦和稻谷。此外,我国目前实行的最低工资也属于最低限价政策。

【案例】2-6

粮食最低收购价政策

粮食最低收购价政策,是为保护农民利益、保障粮食市场供应而实施的粮食价格调控政策。一般情况下,粮食收购价格由市场供求决定,国家在充分发挥市场机制作用的基础上实行宏观调控,必要时由国务院决定对短缺的重点粮食品种,在粮食主产区实行最低收购价格。当市场粮价低于国家确定的最低收购价时,国家委托符合一定资质条件的粮食企业,按国家确定的最低收购价收购农民的粮食。

由于从 2004 年开始,我国粮食产量连年丰收,2004 年到 2006 年,三年内粮食累计增产 1 335 亿斤,粮食价格已经面临着较大的下行压力,如何调控粮食市场价格,继续稳定粮食生产,避免重蹈谷贱伤农的老路,成为决策者面临的主要问题。从我国粮食波动发展的历史看,经常出现这样的情况:在连续丰收之后必然伴随着连续的减产。究其原因,除了一些不可控因素之外,最重要的就在于"谷贱伤农"情况的发生。连续的丰收导致了粮食的相对过剩,使得卖粮难的现象一再发生,极大地抑制了农民种粮的积极性,从而导致丰年歉年有序循环的规律。国家决定执行最低收购价政策预案,正是为了预防历史重演而采取的一项重要措施。同时,随着我国工业化进程的加快,"三农"问题越来越成为制约我国经济发展的主要因素。而粮食增产、农民增收是"三农"问题的关键一环,工业反哺农业已提到实施的层面。为此,从 2004 年起,国家采取了一系列对粮食的宏观调控措施,涉及农田和耕地、粮食生产、市场价格、进出口和库存等多个方面,如通过控制保护农田和耕地,确保粮食生产和粮食安全的基础条件;通过实行"三补贴"政策,鼓励粮食生产、调动农民种粮积极性;而通过实施最低收购价政策来稳定粮食生产、引导市场粮价和增加农民收入是众多宏观调控措施中重要一项。它与其他宏观调控政策一样,是为解决"工农"问题,实施工业反哺农业而采取的重要手段。因而,具有较现实的意义。

2. 最高限价

最高限价,是指政府为了防止某些生活必需品的价格上涨而规定的这些产品的最高价格。政府对垄断性很强的基本生活必需品实行最高限价政策可控制这类商品的价格上涨,抑制通货膨胀,保护消费者利益。最高限价总是低于市场均衡价格。

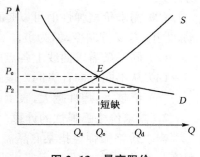

图 2-13 最高限价

在图 2-13 中,由市场机制自发形成的均衡价格为 P_e,均衡数量为 Q_e,政府为限制价格过高而规定的价格为 P_2,最高限价 P_2 低于均衡价格 P_e,此时供给量 Q_s 小于需求量 Q_d,市场上出现产品短缺的情况。

由于商品短缺,政府为了维持这种限制价格,往往采取配给制,限定消费者购买的数量,但这时市场上往往会出现抢购、黑市交易、投机等现象。

第四节 弹性理论

假设计算机市场价格由 10 000 元/台降到 8 000 元/台,结果某地每年计算机购买量由 8 000 台上升到 10 000 台;同时小型汽车价格由 60 000 元一辆降到 50 000 元一辆,购买量由 3 000 台上升到 4 000 台。两种商品的价格下降都引发了需求量的上升,在定性意义上是符合需求定理的。然而,进一步从数量关系看,怎样比较两种不同商品购买量变化对价格变化的灵敏度呢?经济学非常重视价格与供求的关系,但是,不同商品的计量单位不同,不能直接去比较它们价格与数量变化之间的关系。例如,依据上述计算机和小型汽车价格变化和需求量变化的信息,不能直接比较他们的需求对于价格反应的灵敏程度。用弹性理论就可以很容易地解决此类问题。弹性的意义在于它可以超越不同商品性质和计量单位的差异,比较它们的需求对价格变动反应的灵敏程度。

本节主要研究需求价格弹性、需求收入弹性、需求交叉价格弹性。其中,着重分析需求价格弹性。

一、需求的价格弹性

商品自身的价格是影响其需求的主要原因,需求的价格弹性研究商品的需求量变动与其自身价格变动之间的关系。

1. 需求价格弹性的定义

需求价格弹性(Price Elasticity of Demand),简称为需求弹性,表示在一定时期内一种商品的需求量对于其价格变动的反应程度,是需求量变动的百分比除以价格变动的百分比。以 E 表示需求的价格弹性,其公式为:

$$E = -\frac{\Delta Q/Q}{\Delta P/P}$$

式中，ΔP、ΔQ 分别为价格与需求量的变动量，P、Q 分别为变动前的价格与需求量。

理解需求的价格弹性需要注意以下几点：

（1）需求价格弹性是两个百分比的比率，它的含义是价格每下降1%，引起需求量增加百分之几。

（2）需求价格弹性值可以是正，也可以是负。这取决于两个变量的变动方向，若同方向变动，为正；若反方向变动，为负。

（3）同一条需求曲线上各点的需求价格弹性值是不等的（点弹性）。

（4）从不同方向计算同一段弧的需求价格弹性值是不同的（弧弹性）。

（5）值越大，弹性越大，表示商品的需求量对价格变动的反应越敏感。

2. 需求价格弧弹性的计算

需求价格弧弹性指某商品需求曲线上两点之间的需求量相对变化对价格相对变动的反应程度。简单来说，它是表示需求曲线上两点之间的弹性，即价格变动1%，需求量变动了百分之几。需求的价格弧弹性的公式为

$$E_d = -\frac{\Delta Q/Q}{\Delta P/P}$$

该公式称为基量弧弹性公式，Δp、ΔQ 分别为价格与需求量的变动量，P、Q 分别为变动前的价格与需求量。

在通常情况下，商品的需求量和价格是成反方向变动的，为负值。所以为了使需求的价格弹性系数便于比较，就在公式前加负号，使计算结果为正。

例1：假设某冰淇淋的价格从3.5元上涨到4元，会使消费者的购买量从每月10个减少到8个，求该冰淇淋的需求价格弹性。

解：该冰淇淋的需求弹性为：

$$E_d = (-2/10)/[(4-3.5)/3.5] = \frac{7}{5}$$

例2：假设某冰淇淋的价格从4元降低到3.5元，会使消费者的购买量从每月8个增加到10个，求该冰淇淋的需求价格弹性。

解：该冰淇淋的需求弹性为：

$$E_d = -(2/8)/[(3.5-4)/4] = 2$$

> 注意：在同一条需求曲线上，涨价和降价产生的弹性系数值是不相等的。为了解决同一条需求曲线上某一段的需求弧弹性值不同的问题，一般用中点弧弹性计算公式。

中点弧弹性计算公式是以变量变动前后两个数值的算术平均数作为各自的分母来计算，在不考虑价格变动的方向时可以采用，其公式为：

$$E_d = -\frac{\Delta Q / \left(\frac{Q_1 + Q_2}{2}\right)}{\Delta P / \left(\frac{P_1 + P_2}{2}\right)} = -\frac{\Delta Q}{\Delta P} \cdot \frac{P_1 + P_2}{Q_1 + Q_2}$$

式中，P_1、P_2 分别为变动前后的价格，Q_1、Q_2 分别为变动前后的需求量。

例 3：某市场上白糖价格为 11 元/kg 时，需求量为 1.25 t；价格为 14 元/kg 时，需求量为 1.22 t。求白糖的需求弹性是多少？

解：白糖的需求弹性为：

$$E_d = \frac{1.22-1.25}{14-11} \cdot \frac{11+14}{1.22+1.25} = 0.1$$

3. 需求价格点弹性的计算

以上介绍的两个需求弹性计算公式适用于计算价格变动量较大时某需求曲线上两点之间的需求价格弹性。当某需求曲线上两点之间的变化量趋于无穷小时，需求的价格弹性就需要用点弹性来表示。

需求价格点弹性的公式为：

$$E_d = -\frac{dQ/Q}{dP/P} = -\frac{dQ}{dP} \cdot \frac{P}{Q}$$

例 4：已知某商品的需求曲线为 $Q_d = 18\,900 - 2\,750P$，当价格为 5.6 元/kg 时，其需求弹性是多少？

解：当价格 P 为 5.6 元/kg 时，需求量 $Q = 18\,900 - 2\,750 \times 5.6 = 3\,500$ kg

$$E_d = -(-2\,750) \times \frac{5.6}{3\,500} = 4.4$$

4. 需求价格弹性的分类

根据需求价格弹性系数的大小，一般把需求价格弹性分为五类：完全弹性、富有弹性、单位弹性、缺乏弹性、完全无弹性。先来讨论需求价格弧弹性的五种分类。

（1）完全弹性

当 $E_d = \infty$ 时，表示需求完全有弹性，即当价格为既定时，需求量无限。这种需求变化是价格以外的因素引起的。例如在战争年代，政府在给定价格情况下对军火的需求量是无限的，因此，此时的需求曲线为（接近）一条平行于横轴的直线，如图 2-14 所示。

（2）富有弹性

当 $E_d > 1$ 时，需求富有弹性，即需求量变动的比率大于价格变动的比率。当价格有一个较小的变动就会带来需求量大幅度的变动，如汽车、机票、旅游等消费项目。这时的需求曲线是一条比较平坦的向右下方倾斜的线，如图 2-15 所示。

图 2-14 完全弹性

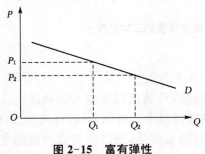

图 2-15 富有弹性

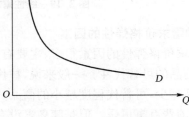

图 2-16 单位弹性

(3) 单位弹性

当 $E_d = 1$ 时，需求单位弹性，即需求量变动的比率等于价格变动的比率。没有一种商品永远都是单位弹性，但是各种类型的商品在一定时期都会出现这种情况。此时的需求曲线是一条正双曲线，如图 2-16。

(4) 缺乏弹性

当 $E_d < 1$ 时，需求缺乏弹性，即需求量变动的比率小于价格变动的比率。当价格有一个较大的变动时，需求量只会发生较小的变动，如食盐、食品、衣服、农产品等。此时的需求曲线是一条比较陡峭的向右下方倾斜的线，如图 2-17。

5. 完全无弹性

当 $E_d = 0$ 时，表示需求完全无弹性，即无论价格如何变化，需求量均不发生变化。此时的需求曲线是一条垂直于横轴的直线，如图 2-18。在现实中，一般来说不存在这种典型的情况，但一些生存必需品，消费量达到一定量后，接近这种特性，例如胰岛素、火葬需求不会因为价格下跌而增加，也不会因为价格上升而减少。

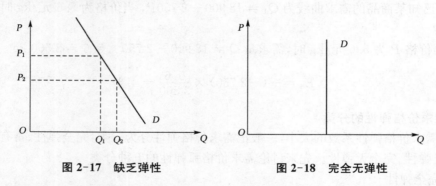

图 2-17 缺乏弹性　　　　　图 2-18 完全无弹性

需求价格点弹性同样分为五种类型，线性需求曲线点弹性的五种类型如图 2-19 所示。

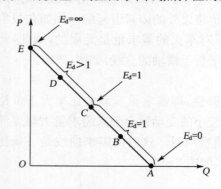

图 2-19 线性需求曲线点弹性的五种类型

6. 影响需求价格弹性的因素

影响需求价格弹性的因素很多，主要有以下几个方面。

第一，商品的可替代性。一般来说，替代品越多，可替代程度越大的商品，需求弹性越大；反之，替代品越少，可替代程度越小的商品，需求弹性越小。例如，可口可乐，若价格上涨，人们就会转而多消费百事可乐。但是胰岛素没有很好的替代品，所以胰岛素价格的变化所引起的需求量的变化几乎为零，它的需求弹性是极其小的。

第二，商品对消费者生活的重要程度。一般来说，生活必需品的需求弹性小，非必需品的需求弹性大。像馒头、米饭等生活必需品的需求弹性小，而电影票、艺术品等非生活必需品的需求弹性大。

第三，商品用途的广泛性。一般来说，一种商品的用途越广泛，它的需求弹性就可能越大；反之，用途越少，其需求弹性越小。例如，汽车的需求富有弹性，但汽油的需求缺乏弹性。

第四，商品的耐用程度及消费支出占消费者预算总支出的比重。通常情况下，商品越耐用，其消费支出在消费者总支出中所占的比重越高，商品的需求弹性越大；反之，越小。例如，汽车、大型家用电器等商品，需求弹性大，而肥皂、毛巾、食盐等商品既不耐用支出又小，消费者往往不太重视这类商品的价格变化，需求弹性小。

第五，消费者调节需求量的时间。像汽油这类商品在短期内需求非常缺乏弹性，而在长期内则弹性较大，这是因为在短期内消费者来不及调整需求量，因而需求弹性小。但是从长期来看，消费者可以找到替代品，比如购买小型节能汽车或搭乘公共交通工具，以减少对汽油的需求，因而长期内需求弹性大。

总之，一种商品需求价格弹性的大小是多种影响因素共同作用的结果。同一种商品在不同时间不同市场上的需求价格弹性不尽相同，需要具体情况具体分析。

7. 需求的价格弹性与厂商的总收益

在实际的经济生活中会发生这样一些现象：有的厂商降低自己的产品价格，能使自己的销售收入得到提高，而有的厂商降低自己的产品价格，却反而使自己的销售收入减少了。这意味着以降价促销来增加销售收入的做法，对有的商品适用，对有的商品却不适用。为了解释这些现象，必须研究商品需求的价格弹性与厂商的总收益两者之间的相互关系，为厂商进行营销决策提供理论依据。

总收益(Total Revenue，TR)，又叫总收入，指厂商销售一定数量的产品或劳务所获得的全部收入，它等于产品的销售价格与销售数量的乘积。其计算公式为：

$$TR = P \cdot Q$$

式中，P 为价格，Q 为需求量（又叫销售量）。

(1) 需求富有弹性的商品

例1：假设手机的需求是富有弹性的，其弹性系数为 1.2，当价格为 800 元/部时，需求量为 200 部，现在降价 10%，总收益会发生什么变化？

解：已知，$P_1 = 800$，$Q_1 = 200$，根据需求价格弹性公式 $E_d = -(\Delta Q/Q)/(\Delta P/P)$，得

需求量变动的比率 = - 弹性系数 × 价格变动的比率 = -1.2 × (-10%) = 12%

$TR_1 = P_1 Q_1 = 800 × 200 = 160\ 000$（元）

$TR_2 = P_2 Q_2 = P_1(1-10\%)Q_1(1+12\%) = 800 × 90\% × 200 × 112\% = 161\ 280$（元）

$TR_2 > TR_1$，$\Delta TR = TR_2 - TR_1 = 161\ 280 - 160\ 000 = 1\ 280$（元）

计算结果表明，价格下降 10%，总收益增加 1 280 元。

例2：如果价格上调 10%，总收益会发生什么变化？

解：由上例知，需求量变动的比率＝－弹性系数×价格变动的比率＝－1.2×10％＝－12％

$TR_1 = P_1Q_1 = 800 \times 200 = 160\,000$（元）

$TR_2 = P_2Q_2 = P_1(1+10\%)Q_1(1-12\%) = 800 \times 110\% \times 200 \times 88\% = 154\,880$（元）

$TR_2 < TR_1$，$\Delta TR = TR_2 - TR_1 = 154\,880 - 160\,000 = -5\,120$（元）

计算结果表明，价格上涨10％，总收益减少5 120元。

结论：对于需求富有弹性的商品，其总收益与价格呈反方向变动，即价格下降，总收益增加；价格上涨，总收益减少。卖方适当降低价格能够增加总收益，应当采取"薄利多销"的定价策略。也只有需求富有弹性的商品才适用"薄利多销"原则。

（2）需求缺乏弹性的商品

例3：假设鸡蛋的需求是缺乏弹性的，其弹性系数0.5，当价格为8元/kg时，销量为400 kg，现在降价10％，总收益会怎么变化？

解：由需求弹性公式 $E_d = -(\Delta Q/Q)(\Delta P/P) = 0.5$，

需求量变动的比率 $= -0.5 \times (-10\%) = 5\%$

$$TR_1 = P_1Q_1 = 8 \times 400 = 3\,200（元）$$
$$TR_2 = P_2Q_2 = 8 \times (1-10\%) \times 400 \times (1+5\%) = 3\,004（元）$$

计算结果表明，价格下降10％，总收益减少176元。

例4：如果价格上调10％，总收益会发生什么变化？

解：由上例知，需求量变动的比率 $= -0.5 \times 10\% = -5\%$

$$TR_1 = P_1Q_1 = 8 \times 400 = 3\,200（元）$$
$$TR_2 = P_2Q_2 = P_1(1+10\%)Q(1-5\%)$$
$$= 8 \times (1+10\%) \times 400 \times (1-5\%) = 3\,344（元）$$

计算结果表明，价格上调10％，总收益增加144元。

结论：对于需求缺乏弹性的商品，其总收益与价格呈同方向变动，即价格上涨，总收益增加；价格下降，总收益减少。卖方适当提高价格能够增加总收益，应采取"限量涨价"的定价策略。

此外，对于需求单位弹性的商品，价格下跌或上涨对厂商的总收益没有影响；需求完全弹性的商品，厂商在既定价格下，收益可无限增加，不会降价，提高价格则会使总收益减少为零；需求完全无弹性的商品，降价引起总收益按价格下降的比例减少，提价引起总收益按价格提高的比例增加。

【案例】 2-7

"薄利多销"与"谷贱伤农"背后的经济学原理

当代作家叶圣陶先生写过一篇著名的文章——《多收了三五斗》，里面说的就是农民们面对薄利多销和谷贱伤农这种问题时的故事。薄利多销和谷贱伤农，这两种经济现象相信熟悉经济学的同学一定不会陌生,他们是在商家利用调节价格杠杆来牟取利益的过程中形成的结果。但现实生活中,我们往往会遇到"薄利"并没有"多销",从而导致了"谷贱伤农"的事。今天,我们通常用总利润与需求弹性来解释这种现象。

薄利多销,顾名思义就是以降低价格的方式来吸引顾客,从而提高销量使总利润增加。但是这必须要基于该商品的需求弹性较大,否则销售量增大的效应就会被价格下降抵消掉,当价格低于成本时,商家甚至会亏本,也就是所谓的谷贱伤农。还有一种情况,就是当供大于求时,商品就会滞销,商家为了牟取最大利润不得不以低价出售商品而造成亏损甚至血本无归。举个例子,同样是穿在身上的东西,衣服减价时会有大批人去抢购,而皮带打折时却没什么人问津。这是因为衣服的需求弹性较大,人们可以挑选不同款式不同风格的衣服,而且买多一件和买少一件也所谓。而皮带一般只需要一两条,款式上也没什么变化,在价格上再怎么变化,销量也不会有太大起伏。

此外,生活中,消费者们往往会有一分价钱一分货这种心态,价格也不是消费者选择商品的唯一因素。所以,在生活中,商家更应该根据商品的实际情况来考虑应不应该采用薄利多销这种手段,不要闹出谷贱伤农的闹剧。

二、需求的收入弹性与交叉弹性

除商品自身的价格外,消费者的收入水平以及相关商品的价格也是影响商品需求的重要因素。需求的收入弹性研究商品的需求量变动与消费者收入变动之间的关系,需求的交叉弹性研究商品的需求量变动与相关商品价格变动之间的关系。

1. 需求的收入弹性

需求的收入弹性(Income Elasticity of Demand),通常简称为收入弹性,表示在一定时期内,消费者对某种商品需求量的变动相对于消费者收入量变动的反应程度,是商品需求量变动的比率与消费者收入变动的比率之比。以 E_{dm} 表示需求的收入弹性,其公式为:

$$E_{dm} = \frac{\Delta Q/Q}{\Delta M/M} = \frac{\Delta Q}{\Delta M} \cdot \frac{M}{Q}$$

式中,Q 为商品的需求量,M 为消费者的收入水平,ΔQ、ΔM 分别为需求量与收入的变动量。

根据需求的收入弹性大小,可以将所有商品分为两类。

1. 当 $E_{dm} > 0$ 时,商品为正常品,正常品的需求量随收入水平的增加而增加。在正常品中,收入弹性为 $0 < E_{dm} < 1$ 的商品,称为必需品,如食品、服装等。收入弹性为 $E_{dm} > 1$ 的商品,称为奢侈品。

2. 当 $E_{dm} < 0$ 时,商品为劣等品,劣等品的需求量随收入水平的增加而减少,如地摊货。

2. 需求的交叉弹性

需求交叉弹性(Cross-Price Elasticity of Demand)是需求交叉价格弹性的简称,指在一定时期内,一种商品的需求量对其替代品或互补品价格变动的反应程度,是一种商品需求量变动比率与相关商品价格变动比率之比。以 E_{xy} 表示需求的交叉弹性,其公式为:

$$E_{xy} = \frac{\Delta Q_x/Q_x}{\Delta P_y/P_y} = \frac{\Delta Q_x}{\Delta P_y} \cdot \frac{P_y}{Q_x}$$

式中,Q_x 是商品 X 的需求量,P_y 是相关商品 Y 的价格。

1. 互补品之间,一种商品的需求量与其互补品价格呈反向变动,所以互补商品的需求交叉弹性 $E_{xy} < 0$,越大,表明互补性越强;

2. 替代品之间,一种商品的需求量与其替代品的价格呈同向变动,所以替代商品的需求交叉弹性 $E_{xy} > 0$,越大,表明替代性越强;

3. 若 $E_{xy} = 0$,表明两种商品之间没有关系,互相独立。

在现实生活中,需求交叉弹性较大的若干种商品经常被集中起来进行生产和经营,以充分利用资源,增加竞争实力,获得长期稳定的收益。如拥有多条生产线的大型企业,同时生产多种相关产品;渔具专业商店,汇集并出售各种品牌的渔具及配套产品。此外,厂商可利用需求的交叉弹性,测定行业之间的产品交叉关系,以制定正确的竞争策略。

【复习与思考题】

一、选择题

1. 需求曲线是( )
   A. 商品的价格曲线　　　　　　B. 商品的总收益曲线
   C. 商品边际收益曲线　　　　　D. 商品的供给曲线
2. 关于均衡价格的正确说法是( )
   A. 均衡价格是需求等于供给时的价格
   B. 供给量等于需求量时的价格
   C. 供给曲线与需求曲线交点上的价格
   D. 供给价格等于需求价格时的价格
3. 某产品的需求函数为 $P+3Q=10$,则 $P=1$ 时的需求弹性为( )
   A. 1/9　　　　B. 9　　　　C. $-1/9$　　　　D. -9
4. 需求规律说明( )
   A. 药品的价格上涨会使药品质量提高
   B. 计算机价格下降导致销售量增加
   C. 丝绸的价格提高,游览公园的人数增加
   D. 汽油的价格提高,小汽车的销售量减少
5. 当羽毛球拍的价格下降时,对羽毛球的需求将( )
   A. 增加　　　　B. 不变　　　　C. 减少　　　　D. 视具体情况而定
6. 供给规律说明( )
   A. 生产技术提高会使商品的供给量增加
   B. 政策鼓励某商品的生产,因而该商品的供给量增加
   C. 消费者更喜欢某商品,使该商品的价格上升
   D. 某商品价格上升导致对该商品的供给量增加
7. 某商品的价格上升 2%,其需求量下降 10%,则该商品的需求价格弹性是( )
   A. 缺乏弹性的　　　　　　　　B. 富有弹性的
   C. 有单位弹性的　　　　　　　D. 无限弹性
8. 对大白菜供给的减少,不可能是由于( )

A. 气候异常严寒　　　　　　　　　B. 政策限制大白菜的种植
C. 大白菜的价格下降　　　　　　　D. 化肥价格上涨

9. 假设某商品的需求曲线为 $Q=3-9P$，市场上该商品的均衡价格为 4，当曲线变为 $Q=5-9P$ 后，均衡价格将（　　）
A. 大于 4　　　B. 小于 4　　　C. 等于 4　　　D. 小于 4 或等于 4

10. 当某商品的供给和需求同时增加后，该商品的均衡价格将（　　）
A. 上升　　　B. 下降　　　C. 不变　　　D. 无法确定

11. 某类电影现行平均票价为 4 元，对该类电影的需求的价格弹性为 1.5，经常出现许多观众买不到票的现象，这些观众大约占可买到票的观众的 15%，如果想使所有想看电影而又能买得起票的观众都买到票，应该采取的方法是（　　）
A. 电影票降价 10%　　　　　　　B. 电影票提价 15%
C. 电影票提价 10%　　　　　　　D. 电影票降价 15%

12. 人们通常讲的"薄利多销"，主要是针对（　　）商品。
A. 单位弹性　　　B. 缺乏弹性　　　C. 富有弹性　　　D. 无穷弹性

二、计算题

1. 某地牛奶产量为 100 t，社会需求量为 120 t，牛奶的需求弹性系数为 0.5，原价格为每吨 500 元，当价格上升为多少元时，才能使供给＝需求？

2. 已知需求函数 $Q_d=14-3P$，供给函数 $Q_s=2+6P$，求该商品的均衡价格，以及均衡时的 E_d、E_s。

三、思考题

1. 什么是需求和供给？影响需求和供给变化的因素有哪些？
2. 说明需求量变动和需求变动的区别及供给量变动和供给变动的区别。
3. 均衡价格是如何形成的？市场价格机制的主要内容是什么？
4. 运用供求原理解释"丰收悖论"（即丰收通常会降低农民的收入）。

四、应用题

1. 假如鸡和鸡蛋的价格下降，为什么对它们的需求会增加？请用收入效应和替代效应作出解释。当鸡和鸡蛋价格下降后，假如养猪的饲料的价格不变，预计猪的销售量和价格会发生什么变化？为什么？

2. 粮食价格提高对猪肉的供给曲线有何影响？猪肉价格提高对猪肉销售量和猪肉供给曲线是否会发生影响？

3. 指出发生下列几种情况时某种蘑菇的需求曲线的移动方向，左移，右移还是不变？为什么？
(1)卫生组织发出一份报告，称这种蘑菇会致癌；(2)另一种蘑菇的价格上升了；(3)消费者的收入增加了；(4)培育蘑菇的工人工资增加了。

4. 下列事件对产品 X 的当前供给有何影响？
(1)生产 X 的技术有重大革新；(2)在 X 产品的行业内，企业数目减少了；(3)生产 X 的人工和原料价格上涨了；(4)预计产品 X 的价格会下降。

第三章
消费者行为理论

在上一章里讨论的需求曲线和供给曲线是分别以消费者行为和生产者行为的分析作为依据的。作为上一章内容的深入,本章将分析需求曲线背后的消费者的选择行为,即消费者行为理论,并从对消费者行为理论的分析中推导出需求曲线。

第一节 效用理论

由于消费者选择行为的目标是在一定条件的约束下追求自身的最大效用,所以,消费者行为理论也可称作效用论。本章将从这一概念出发介绍相关的基础知识。

一、效用(Utility)

效用(Utility)是经济学中最常用的概念之一,效用是指消费者通过消费或者享受服务使自己的需求、欲望等得到满足的程度。经济学中的理性人假设认为,人们会选择自己认为价值最大的商品和服务,也就是倾向于选择效用最大的商品。

效用具有以下特点:

第一,效用具有很强的主观性。效用是一种主观心理感受。效用与消费者的主观因素决定着几种商品怎样影响着消费者的总体效用,换言之,各种消费品对总体效用的贡献分别占多大比例,这是由消费者的主观心理感受决定的。

第二,效用在不同的时间、地点是不相同的。效用并不是一成不变的,在不同的场合、不同的情况下,同一物品带来的效用不同。

第三,效用不同于商品的价值。效用源于物品本身的使用价值,但又不同于使用价值。

二、基数效用论和序数效用论

既然效用是用来表示消费者在消费商品时所感受到的满足程度的,于是,就产生了对这种"满足程度"即效用大小的度量问题。在这一问题上,西方经济学家先后提出了基数效用和序数效用的概念,并在此基础上,形成了分析消费者行为的两种方法:基数效用论者的边际效用分析法和序数效用论者的无差异曲线分析法。

基数效用论者认为效用是可以用具体的数字1、2、3、4、5……来衡量的,就如同长度、重量等概念一样,并且是可以加总求和的。表示效用大小的计量单位被称作"效用单位"。例如,对某个人来说,吃一顿丰盛的晚餐和看一场好莱坞大片的效用分别为5效用单位和10效用单位,则这两种消费的效用之和为15效用单位,后者的效用是前者的效用的2倍。

序数效用论者认为效用是一个有点类似于香、臭、美、丑那样的概念,效用的大小是无法具体衡量的,也不能加总求和,效用之间的比较只能通过顺序或等级来表示,如第一,第二,第三,……在吃一顿丰盛的晚餐和看一场好莱坞大片之间,消费者需要回答的是偏好哪一种消费,即哪一种消费的效用是第一,哪一种消费的效用是第二。

第二节 基数效用论和边际效用分析法

基数效用论者用总效用和边际效用来衡量效用,用边际效用分析法研究消费者如何实现效用最大化。

一、总效用、边际效用和边际效用递减规律

1. 总效用

总效用 TU(Total Utility)是指消费者在一定时期内从一定数量的商品和服务的消费中得到的总的满足程度。总效用的大小取决于个人的消费水平,即消费的商品与服务的数量越多,总效用越大。用 Q 表示消费者对一种商品的消费量,则总效用函数可表示为:

$$TU = f(Q)$$

2. 边际效用

边际效用 MU(Marginal Utility)是指在一定时间内消费者每增加一单位商品或服务的消费所带来的效用的增加量。也就是说,在其他条件不变的情况下,随着消费者对某种物品消费量的增加,他从该物品连续增加的每一单位消费中所得到的满足程度称为边际效用。若 ΔQ 为商品消费量的增量,ΔTU 为总效用的增量,其边际效用公式为:

$$MU = \frac{\Delta TU}{\Delta Q}$$

3. 边际效用递减规律

在日常生活中,对于普遍的物品都存在边际效用递减规律。当你消费某种商品越多,这种商品对于你个人的作用即经济学中的效用就越小,即每增加一单位某种商品的消费所带来的效用的增量是越来越少的。我们可以利用表3-1来进一步说明边际效应递减规律及理解总效用和边际效用之间的关系。

表3-1 某商品的总效用与边际效用表

商品数量 Q	总效用 TU	边际效应 MU
0	0	
1	10	10
2	18	8
3	24	6
4	28	4
5	30	2
6	30	0
7	28	−2

由表中可以看出：

(1) 当商品的消费量由 0 增加到 1 时，总效用由 0 增加到 10 效用单位，总效用的增量即边际效用为 10 效用单位(因为 10－0＝10)。

(2) 当商品的消费量由 1 增加到 2 时，总效用由 10 效用单位上升到 18 效用单位，总效用的增量即边际效用下降为 8 效用单位(因为 18－10＝8)。

(3) 以此类推，当商品的消费量增加到 6 时，总效用达到最大值为 30 效用单位，而边际效用已递减到 0(因为 30－30＝0)。此时，消费者对该商品的消费已达到饱和点。

(4) 当商品的消费量再增加到 7 时，边际效用会进一步递减为负值，即－2 效用单位(因为 28－30＝－2)，总效用便下降到 28 效用单位了。

由此，可以总结出**边际效用递减规律**：在一定时期内，在其他商品的消费数量保持不变的条件下，随着消费者对某种商品消费量的增加，消费者从该商品连续增加的每一单位消费中所得到的效用增量即边际效用是递减的。总效用等于边际效用之和，当边际效用为零时，总效用达到最大。

根据表 3-1 绘制的总效用和边际效用曲线如图 3-1 所示。从图中可以看出：

MU 曲线是向右下方倾斜的，它反映了边际效用递减规律，相应地，TU 曲线是以递减的速率先上升后下降的。总效用 TU 与边际效用 MU 之间存在的关系是：当边际效用为正值时，总效用曲线呈上升趋势；当边际效用递减为 0 时，总效用达到最大；当边际效用继续递减为负时，总效用曲线呈下降趋势。

为什么在消费过程中会呈现出边际效用递减规律呢？原因有两点：首先，从人的生理和心理的角度讲，从每一单位商品的消费中所感受到的满足程度和对重复刺激的反应程度是递减的。其次，当一种商品拥有几种用途，且不同用途的重要性不同时，消费者总是将第一个单位的商品用在最重要的用途上，此时边际效用最大，把第二个商品用在次要的用途上，由于商品用途的重要性递减，消费者获得的边际效用相应递减。

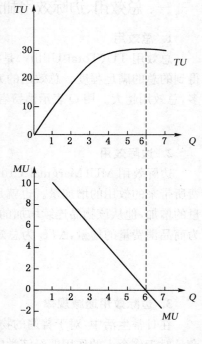

图 3-1 效用曲线

【想一想】

你愿意购买多件相同的衣服吗？
你愿意每顿饭吃同样的菜吗？为什么？

二、消费者均衡——效用最大化

1. 消费者均衡

消费者均衡是研究单个消费者如何把有限的货币收入分配在各种商品的购买中以获

得最大的效用。也可以说,它是研究单个消费者在既定收入下实现效用最大化的均衡条件。消费者均衡是消费者行为理论的核心,在消费者均衡状态下的商品购买数量为最优购买数量。

假定:消费者用既定的收入 I 购买 n 种商品,$P_1,P_2,\cdots,P_n$ 分别为 n 种商品的既定价格,λ 为不变的货币的边际效用。以 $Q_1,Q_2,\cdots,Q_n$ 分别表示 n 种商品的购买数量,$MU_1,MU_2,\cdots,MU_n$ 分别表示 n 种商品的边际效用,则消费者效用最大化的条件可表示为:

$$P_1Q_1 + P_2Q_2 + \cdots + P_nQ_n = I \tag{1}$$

$$\frac{MU_1}{P_1} = \frac{MU_2}{P_2} = \cdots = \frac{MU_n}{P_n} = \lambda \tag{2}$$

式中,公式(1)是限制条件,公式(2)是在限制条件下消费者实现效用最大化的均衡条件。公式(2)表示消费者应选择最优的商品组合,使得自己花费在各种商品上的最后一元钱所带来的边际效用相等,且等于货币的边际效用。

假设消费者只购买两种商品,其均衡条件可以表示为:

$$P_1Q_1 + P_2Q_2 = I$$

$$\frac{MU_1}{P_1} = \frac{MU_2}{P_2} = \lambda$$

为什么只有当消费者实现了 $\frac{MU_1}{P_1} = \frac{MU_2}{P_2} = \lambda$ 的均衡条件时,才能获得最大的效用呢?可以从 $\frac{MU_1}{P_1} = \frac{MU_2}{P_2}$ 的关系分析:

当 $\frac{MU_1}{P_1} < \frac{MU_2}{P_2}$ 时,这对于消费者来说,花费同样的一元钱购买商品 1 所获得的边际效用小于购买商品 2 所得到的边际效用。此时,理性的消费者就会减少对商品 1 的购买,增加对商品 2 的购买,由此带来商品 2 边际效用的增加量大于商品 1 边际效用的减少量,使总效用增加。由于边际效用递减规律作用,商品 2 的边际效用会随其购买量的增加而减少,商品 1 的边际效用会随其购买量的减少而增加,直到同样的一元钱购买这两种商品所得到的边际效用相等,即 $\frac{MU_1}{P_1} = \frac{MU_2}{P_2}$ 时,消费者获得最大效用。

同理,当 $\frac{MU_1}{P_1} > \frac{MU_2}{P_2}$ 时,花费同样的一元钱购买商品 1 所获得的边际效用大于购买商品 2 所得到的边际效用,理性的消费者就会减少对商品 2 的购买,增加对商品 1 的购买,直到同样的一元钱购买这两种商品所得到的边际效用相等,即 $\frac{MU_1}{P_1} = \frac{MU_2}{P_2}$ 时,消费者获得最大效用。

2. 消费者均衡举例

例 1:设 $I=100$ 元,$P_x=10$ 元,$P_y=20$ 元,消费者的消费商品 x 和商品 y 的数量及边际效用如表 3-2 所示,问:在什么条件下总效用能达到最大,最大的总效用是多少?

表 3-2　商品 x 和商品 y 的消费数量及边际效用

商品的数量 Q	1	2	3	4	5	6	7	8	9	10
商品 x 的边际效用 MU_x	5	4	3	2	1	0	−1	−2	−3	−4
商品 y 的边际效用 MU_y	6	5	4	3	2	—	—	—	—	—

表 3-3　x 商品和 y 商品的消费组合

组合方式	$\dfrac{MU_x}{P_x}$ 与 $\dfrac{MU_y}{P_y}$ 的关系	总效用 TU
$x=10, y=0$	$\dfrac{-4}{10} \neq \dfrac{0}{20}$	5
$x=8, y=1$	$\dfrac{-2}{10} \neq \dfrac{6}{20}$	18
$x=6, y=2$	$\dfrac{0}{10} \neq \dfrac{5}{20}$	26
$x=4, y=3$	$\dfrac{2}{10} = \dfrac{4}{20}$	29
$x=2, y=4$	$\dfrac{4}{10} \neq \dfrac{3}{20}$	27
$x=0, y=5$	$\dfrac{0}{10} \neq \dfrac{2}{20}$	20

从表 3-2 中可以看出,所有组合都满足消费者均衡的限制条件 $P_1Q_1 + P_2Q_2 = I$,即各种组合都正好用完 100 元,但是只有在 $x=4, y=3$ 时,才满足 $\dfrac{MU_x}{P_x} = \dfrac{MU_y}{P_y}$ 的均衡条件,所以此时总效用达到最大,最大的总效用是 29 效用单位。

三、消费者剩余

消费者剩余是指消费者购买某种商品时,其愿意支付的最高价格与这些商品的实际市场价格之间的差额。"愿意支付的最高价格"称为支付意愿,衡量消费者对商品的评价。消费者剩余衡量了消费者自己感觉到的所获得的额外利益。

根据边际效用递减规律,消费者从商品连续增加的每一单位消费中所得到的边际效用是递减的,消费者根据自己对商品边际效用的评价来决定自己愿意支付的最高价格,但市场的价格并不是由单个消费者的支付意愿决定的,而是由市场的供求关系决定的。当市场价格低于消费者愿意支付的最高价格时,消费者从商品的购买与消费中不仅得到满足,还得到额外的福利,即消费者剩余。

如表 3-4 中资料所示,消费者购买 4 个小笼包愿意支付的总价格为 22 元,实际支付的总价格为 4 元,消费者剩余 18 元。

表 3-4 消费者剩余

商品消费量 Q (1)	边际效用 MU (2)	愿意支付的价格(元) (3)	市场价格(元) (4)	消费者剩余 (5)=(3)-(4)
1	12	12	1	11
2	6	6	1	5
3	3	3	1	2
4	1	1	1	0
合计	22	22	4	18

消费者剩余是消费者的主观心理评价,反映消费者通过购买商品和消费所感受到的状态的改善。因此,消费者剩余通常被用来度量和分析社会福利问题。

【想一想】

消费者剩余的故事

我在海口时很想买一个电子辞典,逛了数码商城之后,相中了一款叫"名人310"。逛了几家发现这一款价格都在600元以上,而且打折的余地很小。我虽然很喜欢这部电子辞典,但由于价格不够理想,所以还不能下决心购买它。

到上海学习期间,我住的地方不远处也有一家数码城,有一天下午我逛街时就进去了,在电子辞书的专售柜台果然有"名人310"在出售,标价580,比海口便宜一点,看了机器之后我便开始了讨价还价,售货员是一个二十出头的姑娘,人虽然很热情活泼,但价格却咬得很死。我坚持的底线是530元,当我最后报出来后,小姑娘的态度有了一定的变化,她说:"这个价格实在太低了,我得请示一下。"她打电话不知跟谁说了几句之后就对我说:"好了,就做给你吧!"

小姑娘态度的突然转变反使我产生了一丝犹豫。因为一是我还没有货比三家,二是根据买东西的经验,小姑娘有故弄玄虚之嫌,就像有些卖主嘴里说着"您再添点吧,这价钱实在太低了,没法卖",但手里已经在给你整理东西的时候,他已经向你发出了想卖的信号一样,都是想让顾客感到自己得到了很大便宜的一种姿态而已。但我不会上当。正在不想买的当头,商场看门的大爷不耐烦地嚷嚷到:"早就下班了,要关门啦!"我正好顺水推舟地说:"唉,时间来不及了,明天再说吧!"却见柜台里的小姑娘面露遗憾之色,嘴里还说着:"不要紧,我马上给你开票,很快的!"但我已溜之大吉。

第二天一大早,我坐公交车到比较远的地方多看了几家数码商城,发现价格和昨天那家都相差无几,还有个别商场的价格赶上了海口的水平。最后我来到了一家叫"大润发"的规模很大的超市。一进超市,首先看到了一条很醒目的提示标语:"如果您在周边地区购买了比我处更便宜的同类商品,请持有关证明,大润发无条件为您补差!"看到这条承诺,我心里一下子轻松了,看来可能不虚此行。

找到了数码柜台,果然看到了"名人310"。更使我惊喜的是,上面赫然标价378元!这是我从来没有见过的低价,而且是在一家有信誉的大超市。物美价廉,我还犹豫什么?立马决定买下。当售货员拿出机器后,我发现这不是我喜欢的颜色,而且再没有别的颜色了。我问售货员:"下午还会有别的颜色吗?"她说不清楚,因为下午不是她的班。我只好遗憾地回去了。中午休息后,我突然萌生了再去一趟"大润发"的念头。到了"大润发"后,我发现柜台换了一位小伙子,我问他:"名人 310 有没有淡绿色的?""有啊!"果然他拿出了我最喜欢的那一色调。这回大功告成,我终于如愿以偿。

问题 1:什么叫消费者剩余?

问题 2:为什么卖者与买者总是争相要对方先出价?

第三节 序数效用论和无差异曲线分析法

序数效用论认为,商品给消费者带来的效用大小应该用顺序或等级来表示。为此,序数效用论者提出了消费者偏好的概念,用"偏好"取代基数效用论的"效用单位",用"商品组合"替代基数效用论的"商品"。序数效用论认为,消费者对于各种不同的商品组合的偏好程度是有差别的,这种偏好程度的差别决定了不同商品组合的效用大小,同时用无差异曲线分析法研究消费者如何实现效用最大化。

一、偏好的假定

序数效用论提出了关于消费者偏好的三个基本假定:

(1) 完全性。偏好的完全性是指消费者总是可以比较和排列所给出的不同商品组合。换言之,对于任何两种商品的组合 A 和 B,要么对 A 的偏好大于 B,要么对 A 的偏好小于 B,要么对 A 的偏好等于 B。

(2) 可传递性。对于任何三个商品组合 A、B 和 C,如果消费者对 A 的偏好大于 B,对 B 的偏好大于 C,那么其必定对 A 的偏好大于 C。

(3) 非饱和性。对每一种商品的消费都没有达到饱和点,对任何商品总认为多比少好。

二、无差异曲线

序数效用论用无差异曲线来描述消费者对于不同商品组合的偏好程度。

1. 无差异曲线的含义

无差异曲线,也称等效用线,是用来表示消费者偏好相同的各种商品不同数量的所有组合。或者说,它是表示能给消费者带来同等效用水平或满足程度的各种商品不同数量组合的轨迹。

为简化分析,这里假定消费者只消费两种商品,我们就可以直接在二维平面图上讨论无差异曲线。同时假定这两种商品是互相替代,且可以无限细分的,则消费者可通过这两种商品此消彼长的不同组合来达到同等的满足程度。

现在假设消费者只消费梨与苹果两种商品,能给该消费者带来同等效用水平的两种水果的组合方式有 4 种,如表 3-5 所示。

表 3-5 某消费者的无差异表

商品组合	苹果 x	梨 y
a	1	10
b	2	6
c	3	4
d	4	2.5

在平面坐标系中画出各组各点,连接各点,即可得到对应的无差异曲线 U_1,如图 3-2 所示。在这条无差异曲线 U_1 上的四个商品组合点 a、b、c 和 d 带给消费者的效用水平是相同的。

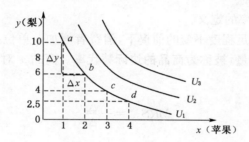

图 3-2 某消费者的无差异曲线

2. 无差异曲线的特征

无差异曲线具有以下 4 个特征:

第一,同一条无差异曲线上的各点所代表的商品组合的数量不同,但能够给消费者带来的效用水平是相同的。在保持效用水平不变的条件下,一种商品数量的增加必然导致另一种商品数量的减少。

第二,同一坐标平面上可以有无数条无差异曲线。同一条无差异曲线代表相同的效用水平,不同的无差异曲线代表不同的效用水平。距离原点越远的无差异曲线代表的效用水平越高,距离原点越近的无差异曲线代表的效用水平越低。在图 3-2 中,U_1、U_2、U_3 分别代表三条不同的无差异曲线,其效用水平由小到大依次是 $U_1 < U_2 < U_3$。

第三,同一坐标平面上的任意两条无差异曲线都不会相交。这一点可以通过图 3-3 来说明。如图所示,假设有两条无差异曲线 U_1 和 U_2 相交于 a 点,根据无差异曲线的定义可知,a、b 两点的效用水平是相同的,因为 a、b 两点都位于无差异曲线 U_1 上,同理,a、c 两点的效用水平也是相同的。这样一来,根据偏好的可传递性假设,必定有 b、c 两点的效用水平相同。但是由图中观察可知,c 点所代表的商品组合中每一种商品的数量都大于 b 点所代表的商品组合,于是,根据偏好的非饱和性假设,必定有 c 点的效用水平大于 b 点。最后得到的结果就是 b、c 两点的效用水平相同,同时 c 点的效用水平大于 b 点,这就违背了偏好的完全性假设。由此我们可以证明,同一坐标平面上的任意两条无差异曲线都不会相交。

第四,无差异曲线是一条向右下方倾斜且凸向原点的曲线。无差异曲线向右下方倾斜,即无差异曲线的斜率为负值,同时,无差异曲线是以凸向原点的形状向右下方倾斜的,即无差异曲线的斜率的绝对值是递减的。无差异曲线的斜率即商品的边际替代率。

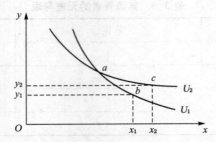

图 3-3 违反偏好假定的无差异曲线

3. 商品的边际替代率

（1）商品的边际替代率的定义

在维持效用水平或满足程度不变的前提下，消费者增加一单位某种商品的消费量时所需放弃的另一种商品的消费量，被称为**商品的边际替代率**。商品 x 对商品 y 的边际替代率的定义公式为：

$$MRS_{xy} = -\frac{\Delta y}{\Delta x}$$

式中，Δx 和 Δy 分别为商品 x 和商品 y 的变化量。由于 Δx 是增加量，Δy 是减少量，两者的符号相反，所以，就在公式前加负号，使 MRS_{xy} 的计算结果为正，以便于比较。

当商品的变动趋于无穷小时，则商品的边际替代率公式为：

$$MRS_{xy} = -\lim_{\Delta x \to 0} \frac{\Delta y}{\Delta x} = -\frac{dy}{dx}$$

可见，无差异曲线上某一点的边际替代率就是无差异曲线在该点的斜率的绝对值。

（2）商品的边际替代率递减规律

商品的边际替代率递减规律是指在维持效用水平不变的条件下，随着一种商品消费数量的连续增加，消费者每增加一单位该商品的消费所需要放弃的另外一种商品的消费数量是递减的。

根据表 3-5 的数据计算商品的边际替代率，如表 3-6 所示，从中可以看出，商品的边际代替率呈递减的变化趋势。

表 3-6 商品的边际替代率

变动情况	苹果 Δx	梨 Δy	MRS_{xy}
$a \to b$	1	-4	4
$b \to c$	1	-2	2
$c \to d$	1	-1.5	1.5

4. 无差异曲线的特殊形状

边际替代率递减规律决定了无差异曲线凸向原点，这是无差异曲线的一般形状。无差异曲线还有两种特殊形状，如图 3-4 所示。

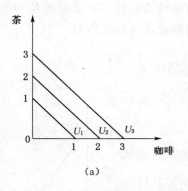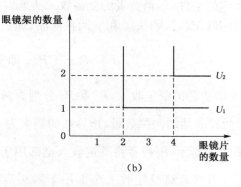

图 3-4　完全替代品和完全互补品的无差异曲线

（1）完全替代品。完全替代品是指两种商品之间的替代比例是固定不变的情况。在完全替代的情况下，两种商品之间的边际替代率 MRS_{xy} 是一个常数，无差异曲线是一条斜率不变的直线。在某消费者看来，一杯茶和一杯咖啡之间是无差异的，两者总是可以以 1∶1 的比例相互替代，相应的无差异曲线如图 3-4（a）所示。

假定某消费者只消费两种商品，而且这两种商品之间是完全替代关系，则相应的效用函数的通常形式为：

$$U(x,y) = ax + by$$

式中，x、y 分别表示两种商品的数量，常数 a、$b>0$。该效用函数也被称为线性效用函数，与其对应的无差异曲线是一条直线。而且，在任何一条无差异曲线上，两种商品的边际替代率保持不变，即均有 $MRS_{xy} = a/b$。

（2）完全互补品。完全互补品是指两种商品必须按固定不变的比例同时被使用的情况。因此，在完全互补的情况下，相应的无差异曲线为直角形状。例如，一副眼镜架必须和两片眼镜片同时配合使用才能构成一副眼镜，相应的无差异曲线如图 3-4（b）所示。对于一副镜架而言，只需要两片镜片即可，任何超量的镜片都是多余的，同样，任何超量的镜架也是多余的，都会被消费者所放弃。

假定某消费者只消费两种商品，而且这两种商品之间是完全互补关系，则相应的效用函数的通常形式为：

$$U(x,y) = \min(ax + by)$$

式中，x、y 分别表示两种商品的数量，常数 a、$b>0$，符号 min 表示效用水平由括号中最小的一项决定。

三、消费者预算线

无差异曲线描述了消费者对不同商品组合的偏好，它仅仅表示了消费者的消费意愿。这种意愿构成分析消费者行为的一个方面。另一方面，消费者在购买商品时，必然会受到自己的收入水平和市场上商品价格的限制，这就是预算约束，可以用预算线来说明。

1. 消费者预算线的定义

消费者预算线也叫消费可能线、家庭预算线，或等支出线。它是表示在消费者的收入和商品价格既定的条件下,消费者的全部收入所能购买到的两种商品的不同数量的各种组合。假设消费者用既定收入购买 x 和 y 两种商品,那么预算线的公式可以表达为:

$$I = P_x x + P_y y \text{ 即 } y = -\frac{P_x}{P_y}x + \frac{I}{P_y}$$

式中,I 为消费者的既定收入,P_x 和 P_y 分别为两种商品的价格,x、y 分别为两种商品的购买数量,预算线的斜率为 $-\frac{P_x}{P_y}$。

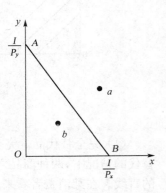

如图 3-5 所示,消费者将既定收入全部用于购买商品 x,购买数量为 $\frac{I}{P_x}$;消费者将既定收入全部用于购买商品 y,购买数量为 $\frac{I}{P_y}$,由此得出预算线 AB。预算线 AB 将坐标平面分成三个区域:预算线 AB 上的任何一点表示消费者的全部收入刚好花完所能购买到的商品组合;预算线 AB 以内的区域中的任何一点,如 b 点,表示消费者的全部收入在购买该点的商品组合以后还有剩余;预算线 AB 以外的区域中的任何一点,如 a 点,表示消费者利用全部收入都不可能实现的商品购买的组合。

图 3-5 预算线

2. 消费者预算线的变动

消费者预算线以消费者的收入和商品价格的既定为条件,如果其中的任意一个变量发生变化,预算线也会相应地发生变化,其具体变动情况如下:

(1) 预算线平移。第一,当两种商品的价格不变,消费者收入发生变化时,预算线发生平移。此时如果收入增加,预算线向右平移;如果收入减少,预算线向左平移。第二,当消费者的收入不变,两种商品的价格同比例同方向变动,预算线也会平移。两种商品的价格同比例下降,预算线向右平移;两种商品的价格同比例提高,预算线向左平移,如图 3-6(a)所示。

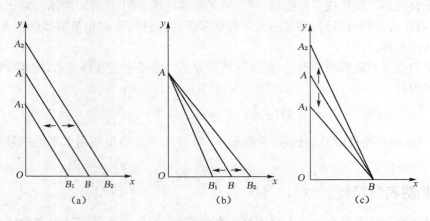

图 3-6 预算线的变动

(2) 预算线旋转。当消费者的收入不变,一种商品的价格不变,另一种商品的价格发生变化时,预算线移动。例如,当其他条件不变,商品 x 的价格发生变化时,预算线围绕 A 点旋转,如图 3-6(b)所示;当其他条件不变,商品 y 的价格发生变化时,预算线围绕 B 点旋转,如

图 3-6(c)所示。

消费者预算线代表了在消费者收入和商品价格既定的条件下,消费者能够购买的各种商品组合,但这条线上有无数种商品组合,究竟哪种组合能够提供最大效用,预算线本身是无法说明的,需要将预算线与无差异曲线结合在一起做进一步的分析。

四、序数效用论下的消费者均衡

序数效用论将无差异曲线和消费者预算线结合在一起考察消费者均衡,即消费者对最优商品组合的购买选择行为。这里的最优商品组合就是指能够给消费者带来效用最大化的组合。由于欲望是无穷的,消费者在无数的无差异曲线中总是愿意选择距离原点最远的一条,以获得最大的满足。但是消费者的购买行为又受其收入水平和商品价格的约束,而由消费者的既定收入和商品价格决定的预算线只有一条。当既定的预算线与平面上的无数条无差异曲线中的一条相切时,在切点即构成消费者均衡,这个点叫做**消费者均衡点**。在该均衡点上,消费者所购买的商品组合是最优商品组合,能够带来的效用最大,同时又将消费者的所有收入耗尽。

如图 3-7 所示,某消费者有三条无差异曲线 U_1、U、U_2,代表的效用水平依次为 $U_1 < U < U_2$。预算线 AB 与其中的一条无差异曲线 U 相切于 E 点,E 点为消费者均衡点。

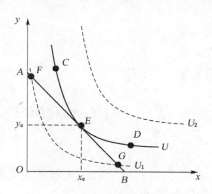

图 3-7 消费者均衡

预算线 AB 上的所有点收入水平相等但效用水平不同,无差异曲线 U 上的所有点效用相等但收入水平不同。预算线 AB 与无差异曲线 U 相切于 E 点,所以 E 点的效用水平为 U。同时,预算线 AB 又与无差异曲线 U_1 相交于 F、G 点,所以 F、G 点的效用水平为 U_1,低于 E 点的效用水平。C、D 两点位于无差异曲线 U 上,所以效用水平为 U,高于 F、G 点,但 C、D 两点位于预算线 AB 以外的位置,在既定的收入水平下无法实现。无差异曲线 U_2 的效用水平最高,但在既定的收入水平下无法实现。

因此,只有在均衡点 E 上,消费者才能实现在既定的收入水平下的效用最大化,此时的商品组合为最优购买组合 (x_e, y_e)。消费者均衡的条件可以表示为:

$$MRS_{xy} = \frac{P_x}{P_y}$$

在均衡点 E 上,预算线的斜率正好等于无差异曲线的斜率。我们已经知道,无差异曲线的斜率的绝对值就是两种商品的边际替代率 MRS_{xy},预算线的斜率的绝对值为两种商品的价格之比 $\frac{P_x}{P_y}$,因此消费者均衡的条件为在既定的收入水平下,两种商品的边际替代率等于这两种商品的价格之比。

【复习与思考题】

一、单项选择题

1. 当总效用增加时,边际效用应该(　　)。
   A. 为正值,但不断减少　　　　　　　　B. 为正值,且不断增加
   C. 为负值,且不断减少　　　　　　　　D. 以上都不对
2. 张三愿意用 20 美元买第一件衬衫,愿意用 35 美元买头两件衬衫,45 美元买头三件衬衫,如果衬衫的价格是 10 美元,他若购买了三件衬衫,则他获得的消费者剩余为(　　)。
   A. 0　　　　　B. 5　　　　　C. 10　　　　　D. 15
3. 已知消费者的收入为 50 元,商品 X 的价格为 5 元,商品 Y 的价格为 4 元。假定消费者计划购买 6 单位 X 商品和 5 单位 Y 商品,商品 X 和 Y 的边际效用分别为 60 和 30。如要得到最大效用,他应该(　　)。
   A. 增购 X 和减少 Y 的购买量
   B. 增购 Y 和减少 X 的购买量
   C. 同时减少 X 和 Y 的购买量
4. 无差异曲线(　　)。
   A. 向右上方倾斜　　　　　　　　　　B. 向右方倾斜
   C. 是一条垂线
5. 在同一平面图上有(　　)。
   A. 三条无差异曲线　　　　　　　　　　B. 无数条无差异曲线
   C. 许多但数量有限的无差异曲线
6. 消费可能线上每一点所反映的可能购买的两种商品的数量组合是(　　)。
   A. 相同的　　　　B. 不同的　　　　C. 在某些场合下相同
7. 两种商品的价格按相同的比例上升,而收入不变,消费可能线(　　)。
   A. 向左下方平行移动　　　　　　　　B. 向右下方平行移动
   C. 不发生变动
8. 根据无差异曲线与消费可能线结合在一起的分析,消费者均衡是(　　)。
   A. 无差异曲线与消费可能线的相切之点
   B. 无差异曲线与消费可能线的相交之点
   C. 离原点最远的无差异曲线上的任何一点
9. 已知商品 X 的价格为 1.5 元,商品 Y 的价格为 1 元,如果消费者从这两种商品得到最大效用的时候商品 Y 的边际效用是 30,那么商品 X 的边际效用应该是(　　)。
   A. 20　　　　　B. 30　　　　　C. 45
10. 在以下三种情况中,实现了消费者均衡的是(　　)。

A. $\dfrac{MU_x}{MU_y} < \dfrac{P_x}{P_y}$ B. $\dfrac{MU_x}{MU_y} > \dfrac{P_x}{P_y}$ C. $\dfrac{MU_x}{MU_y} = \dfrac{P_x}{P_y}$

二、问答题

1. 基数效用论和序数效用论的基本观点是什么？它们各采用何种分析方法？
2. 什么是边际效用递减规律？
3. 用公式表示消费者均衡的条件。
4. 无差异曲线中，无差异的含义是什么？
5. 无差异曲线的特征是什么？
6. 什么是消费可能线？
7. 用无差异曲线和消费可能线说明如何实现消费者均衡。
8. 为什么要有政府提供公共物品？
9. 如何理解"税收取之于民用之于民"这句话？
10. 简述边际效用递减规律的内容。

三、计算题

1. 根据下表计算：

面包的消费量	总效用	边际效用
1	2	20
2	30	
3		5

（1）消费第二个面包时的边际效用是多少？
（2）消费三个面包的总效用是多少？

2. 某消费者收入为120元，用于购买X和Y两种商品，X商品的价格 $P_x = 20$ 元，Y商品的价格 $P_y = 10$ 元：

（1）计算出该消费者所购买的X和Y有多少种数量组合，各种组合的X商品和Y商品各是多少？
（2）作出一条消费可能线。
（3）所购买的X商品为4，Y商品为6时，应该是哪一点？在不在消费可能线上？它说明了什么？
（4）所购买的X商品为3，Y商品为3时，应该是哪一点？在不在消费可能线上？它说明了什么？

第四章 生产者行为理论

本章与下章主要讨论供给曲线背后的生产者行为,在此基础上分析生产者均衡。我们假定:
1. 生产者都是具有完全理性的经济人。
2. 生产者的目的都是实现利润最大化。

在这种假定之下,生产者的市场行为便涉及三个方面的问题:

一是生产要素的投入量与产量的关系。即如何在生产要素的投入量既定时使产量最大,或者反过来说,在产量既定时使生产要素的投入量为最少。

二是成本与收益的关系。要使利润最大化,就要考虑如何使成本最小。这个问题与第一个问题是两回事。因为产量最大并不等于利润最大,投入最少并不等于成本最小。

三是市场问题。当厂商处于不同的市场时,应该如何确定自己产品的产量与价格,以实现生产者均衡。

第一节 厂 商

厂商是指能够作出统一生产决策的单个经济单位。

一、厂商的组织形式

厂商有三种组织形式。市场经济在其数百年的孕育和发展过程中,逐步形成了三种基本的企业制度:

第一,个人业主制企业。个人业主制企业是指个人出资兴办、完全归个人所有和个人控制的企业。这种企业在法律上称为自然人企业,是最早产生的也是最简单的企业形态。

个人业主制企业的优点在于:开设、转让与关闭等行为仅需向政府登记即可,手续非常简单。利润全归个人所得,不需与别人分摊。经营制约因素较少,经营方式灵活。易于保护技术、工艺和财务秘密。当然个人业主制企业的弊端也是非常明显:首先责任无限。一旦经营失误,将面临资产抵押——家产抵押——人身抵押之困境。其次规模有限。这种企业的发展受到两个方面的限制:一是个人资金的限制。二是个人管理能力的限制。企业与业主同存亡,业主的死亡、破产、犯罪或转业都可能使企业不复存在,因此,企业的雇员和债权人不得不承担较大的风险。债权人往往要求企业主进行人身保险,以便当企业主死亡时可以用保险公司支付的保险金抵付债务。

第二,合伙制企业。合伙制企业是由两个以上的企业主共同出资,为了利润共同经营,并归若干企业主共同所有的企业。合伙人出资可以是资金、实物或是知识产权。

合伙企业的特点在于:由于投资者合伙人较多,才智与经验更多,资金来源渠道更广,发展余地更大。

合伙企业在产权转让时须经所有合伙人同意方可进行。产权转让较为困难。投资者责任无限且连带。合伙企业往往由于合伙人之间意见难以统一,规模仍受局限。

第三,公司制企业。公司制企业是由许多人集资创办并且组成一个法人的企业。公司是法人,在法律上具有独立的人格,是能够独立承担民事责任、具有民事行为能力的组织。

公司制企业又有以下几种形式:

(1) 无限责任公司。这是由两个以上负无限责任的股东出资组成,股东对公司债务负连带无限清偿责任的公司。英美法系不承认这种公司为公司法人,而大陆法系则承认这种公司为公司法人。

(2) 两合公司。这是由少数有限责任股东和少数无限责任股东共同组成的公司。

(3) 股份两合公司。这是由一人以上的无限责任股东和一定人数或一定人数以上的有限责任股东出资组成的法人企业。

(4) 有限责任公司。这是指由两个以上股东共同出资,每个股东以其所认缴的出资额对公司承担有限责任,公司以其全部资产对其债务承担责任的企业法人。

二、企业的本质

企业的本质是什么？经济学理论有不同的解释。

马克思认为,企业产生的原因是能够更好地分工协作,从而能产生更高的劳动生产率。同一资本雇佣较多的工人协作劳动,马克思认为这在历史上和逻辑上都是资本主义产生的起点。协作和个体生产比价起来有其优越性,马克思认为把同样数量的单个的个人工作日生产的价值总不及结合工作日产生的使用价值多,分工协作可以减少生产一定效用所花费的劳动时间。

科斯认为,企业产生的原因是能够更好地节省交易费用。企业是商品经济发展到一定阶段的产物。企业是作为替代市场的一种更低交易费用的资源配置方式。在商品经济发展的初期,无论是原始的物物交换,还是以货币为媒介的商品交换,由于商品市场狭小,利用市场价格机制的费用几乎不存在,这时的商品生产一般以家庭为单位。但随着商品经济的发展,市场规模的扩大,生产者在了解有关价格信息、市场谈判、签订合同等方面利用价格机制的费用显著增大,这时,生产者采用把生产要素集合在一个经济单位中的生产方式,以降低交易费用,这种经济单位即是企业。企业这种组织形式之所以可以降低市场交易的费用,是由于用内部管理的方式组织各种生产要素的结合的缘故。因此,从交易费用的角度来看,市场和企业是两种不同的组织生产分工的方法:一种是内部管理方式;另一种是协议买卖方式。两种方式都存在一定的费用,即前者是组织费用;后者是交易费用。企业之所以出现正是由于企业的组织费用低于市场的交易费用。因此,交易费用的降低是企业出现的重要原因之一。科斯的这一思想为产权理论奠定了坚实的基础。但科斯的思想在很长时间内一直被理论界所忽视,直到20世纪60年代才引起经济学家的广泛重视。

第二节　生产函数

生产函数表示在一定时间内,在技术水平不变的情况下,生产中所使用的各种生产要素与所能生产的最大产量之间的关系。或者说,一组既定的投入与之所能生产的最大产量之间的依存关系。

假定用 Q 表示所能生产的最大可能产量，用 $X_1,X_2,\cdots,X_n$ 表示某产品生产过程中各种生产要素的投入量，若不考虑可变投入与不变投入的区别，则生产函数可用如下一般表达式表示：

$$Q = f(X_1,X_2,X_3,\cdots,X_n)$$

该生产函数表示在既定的生产技术条件下，生产要素组合 $(X_1,X_2,\cdots,X_n)$ 在某一时期所能生产的最大可能产量为 Q。

研究生产函数问题时，我们常常先从最简单的问题入手，常假定只使用劳动和资本两种生产要素，如果用 L 表示劳动投入量，用 K 表示资本投入量，则生产函数可用下式表示：

$$Q = f(L,K)$$

这里给大家介绍一种最为常见的生产函数——柯布-道格拉斯生产函数。柯布-道格拉斯生产函数，又称 C-D 生产函数，是以两位经济学家柯布（Charles W. Cobb）与道格拉斯（Paul H. Douglas）的名字命名的。

由于柯布-道格拉斯生产函数具有许多经济学上所需要的良好的性质，因此经济分析中使用比较多。该生产函数的一般形式是：

$$Q = AL^\alpha K^\beta$$

式中 Q 代表产量，L 和 K 分别代表劳动和资本的投入量，A 为规模参数，$A>0$，α 为劳动产出弹性，表示劳动贡献在总产量中所占的份额（$0<\alpha<1$），β 为资本产出弹性，表示资本贡献在总产量中所占的份额（$0<\beta<1$）。柯布-道格拉斯生产函数规模报酬状况取决于 $\alpha+\beta$ 的数值大小。

柯布和道格拉斯根据有关历史资料，研究了从 1899—1922 年美国的资本和劳动对生产的影响，在技术经济条件不变的情况下，得出了产出与投入的劳动力及资本的关系，得出这一时期生产函数的具体形式为：

$$Q = 1.01 L^{3/4} K^{1/4} = 1.01 \sqrt[4]{L^3} \sqrt[4]{K}$$

这一生产函数表示：在资本投入量固定不变时，劳动投入量单独增加 1%，产量将增加 1% 的 3/4，即 0.75%；当劳动投入量固定不变时，资本投入量增加 1%，产量将增加 1% 的 1/4，即 0.25%。也就是说该劳动和资本对总量的贡献比例为 3∶1。

第三节 一种可变要素的生产函数

这里讨论的问题是假定只有一种要素的投入是变动的，其余的生产要素的投入是固定的。这种情况在农业生产中最为典型。我们借助于这样一种变动投入的生产函数来讨论产出变化与投入变化的关系。为此，我们也要引入一些预备知识。

一、预备知识

1. 短期与长期的含义

短期是指在这段时期内，生产者来不及调整全部生产要素的数量，至少有一种生产要素的数量是固定不变的时期。长期是指在这段时期内，所有投入的生产要素都是可以变动的。

微观经济学常以一种可变生产要素的生产函数考察短期生产理论，以两种可变生产要素的生产函数考察长期生产理论。需要注意的是，西方经济学所说的短期和长期并不是一段规定的时期（如一年、十年），而是以能否变动全部生产要素投入的数量作为划分标准的，其时间长短视具体情况而定。例如，要想改变钢铁厂的炼钢设备数量可能需要2年的时间；而增加一家饮食店，并对其进行全新装修则只需几个月。

2. 固定投入与变动投入含义

固定投入是指当市场条件的变化要求产出变化时，其投入量不能随之变化的投入，例如，厂房、机器设备、土地等。变动投入是指当市场条件的变化要求产出变化时，其投入量能立即随之变化的投入，例如劳动量的投入。固定投入与变动投入的划分是建立在长期与短期划分的基础之上的。

二、一种可变生产要素的生产函数定义

一种可变生产要素的生产函数表示产量（Q）随一种可变投入（X）的变化而变化。函数形式如下：

$$Q = f(X)$$

若假设仅使用劳动与资本两种要素，并设资本要素不变，劳动要素可变，则有函数：

$$Q = f(L, \overline{K})$$

由此我们构建关于总产量、平均产量、边际产量的函数和曲线。

1. 总产量、平均产量、边际产量定义

劳动的总产量（TP_L）是在资本投入既定的条件下，与一定可变生产要素劳动的投入量相对应的最大产量总和。

劳动的平均产量（AP_L）是指平均每个单位可变生产要素劳动所能生产的产量。

劳动的边际产量（MP_L）是指每增加一单位可变要素劳动的投入量所引起的总产量的变动量。

类似地，我们还可以定义资本的总产量（TP_K）、资本的平均产量（AP_K）、资本的边际产量（MP_K）。

2. 总产量曲线、平均产量曲线、边际产量曲线

为了说明曲线的形状，我们选用了以下数据：

表4-1 要素投入与产量之间的数据

资本投入量（K）	劳动投入量（L）	总产量（TP_L）	平均产量（AP_L）	边际产量（MP_L）
20	0	0	—	—
20	1	6.0	6.00	6.0
20	2	13.5	6.75	7.5
20	3	21.0	7.00	7.5
20	4	28.0	7.00	7.0

续表

资本投入量(K)	劳动投入量(L)	总产量(TP_L)	平均产量(AP_L)	边际产量(MP_L)
20	5	34.0	6.80	6.0
20	6	38.0	6.30	4.0
20	7	38.0	5.40	0.0
20	8	37.0	4.60	−1.0

依据上述数据描点,构建总产量曲线。总产量 $TP = f(L,K) = f(L,\overline{K}) = f(L)$

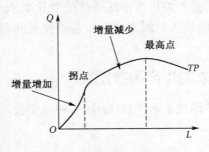

图 4-1 总产量曲线

从上图可以看出总产量曲线初期随着可变投入的增加,总产量以递增的增长率上升,然后以递减的增长率上升,达到某一极大值后,随着可变投入的继续增加反而下降。

再看边际产量曲线。边际产量 $MP_L = \dfrac{\Delta TP_L(L,\overline{K})}{\Delta L}$

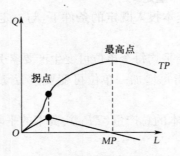

图 4-2 边际产量曲线

边际产量曲线是总产量曲线上每一点所对应的斜率。边际产量在开始时,随着可变要素投入的增加不断增加,到一定点达极大值,之后开始下降,边际产量可以下降为零,甚至为负。边际产量是总量增量的变动情况,它的最大值在 TP 由递增上升转入递减上升的拐点。

最后看下平均产量。平均产量 $AP = \dfrac{TP}{L} = \dfrac{Q}{L}$

我们可以看出平均产量其实就是总产量曲线上每一点与原点连线所对应的线的斜率。

平均产量曲线初期,随着可变要素投入的增加,平均产量不断增加,到一定点达到极大值,之后随着可变要素投入量的继续增加,转而下降。

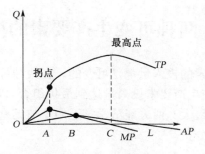

图 4-3 平均产量曲线

例：已知生产函数 $Q = 21L + 9L^2 - L^3$，求：AP 和 MP 的值。

解：$AP = \dfrac{Q}{L} = 21 + 9L - L^2$

$MP = \lim\limits_{\Delta L \to 0} \dfrac{\Delta Q}{\Delta L} = \dfrac{dQ}{dL} = 21 + 18L - 3L^2$

三、边际报酬递减规律

在短期生产中,有种普遍存在的规律:在技术和其他要素不变的情况下,连续增加一种要素的投入,当这种要素投入小于某一数值时,边际产量会递增;继续增加这一要素的投入超过某一值时,边际产量不但不增加反而会减少。边际报酬递减的原因在于可变要素与不变要素,在数量上,存在一个最佳配合比例。开始时,可变要素小于最佳配合比例。随着投入量渐增,越来越接近最佳配合比例,边际产量呈递增趋势。当达到最佳配合比例后,再增加可变要素投入,边际产量呈递减趋势。

当然要注意边际报酬递减规律存在的条件:第一,技术水平不变;第二,其他生产要素投入不变(可变技术系数);第三,并非一增加要素投入就会出现递减,只是投入超过一定量时才会出现;第四,要素在每个单位上的性质相同。先投入和后投入的没有区别,只是量的变化。

【案 例】 4-1

"烤鸭"蕴含的经济学道理

烤鸭需要多种工序,比如至少三道程序:把鸭子收拾干净;拿到案板上开膛破肚;送到炉子里烤。当一个人做所有这些工序时,效率一定比较低。因为当他收拾鸭子时,案板和炉子正闲置着。当工人增加到三个后,一个人收拾鸭子,一个人做案板工作,一个人专门烤。由于分工,案板和炉子都没有闲置,而且每个人专门做一个工序,也会提高工作效率,所以此时边际报酬不是递减,而是递增。但是如果保持炉子数量不变,再增加工人,迟早会出现后面一个工人的产量没有前面一个人多。因为不论是案板还是炉子跟工人都有一个最佳配比。人多过一定数量,超过这个配比,案板和炉子就会出现排队,窝工现象使效率下降,边际产量递减。

第四节 两种可变生产要素的生产函数

在长期内,所有的生产要素的投入量都是可变的。在两种可变投入生产函数下,生产者经常要考虑的一个问题是如何使生产要素投入量达到最优组合,以使一定产量下的生产成本最小,或使用一定成本时的产量最大? 西方经济学家运用了与无差异分析、等成本分析类似的方法,即等产量线与等成本线的分析。

一、等产量曲线

等产量曲线是在技术水平不变的条件下,生产同一产量的两种生产要素投入的所有不同组合点的轨迹。与等产量曲线相对应的生产函数是:

$$Q = f(L, K) = Q^0$$

式中 Q^0 为常数,表示等产量水平,这一函数是一个两种可变要素的生产函数;这一函数在坐标轴上的曲线叫等产量曲线。

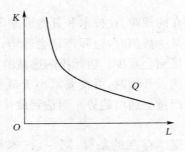

图 4-4 等产量曲线

等产量曲线的特点:第一,距原点越远的等产量曲线表示的产量水平越高,反之,则低。第二,同一坐标平面上的任何两条等产量曲线不会相交。因为每一条产量线代表不同的产量水平,如果相交,则与上述说法相矛盾。第三,等产量线向右下方倾斜,凸向原点。主要原因是等产量曲线上任何一点的边际技术替代率为负,意味着在产量水平一定时,增加某一要素的投入量,会减少另一要素投入量。这样的调整才是有意义的。

为什么等产量曲线向右下方倾斜并凸向原点? 主要原因是边际技术替代率为负。我们必须认识它。

边际技术替代率与边际产量的关系

边际技术替代率是研究要素之间替代关系的一个重要概念,它是指在维持产量水平不变的条件下,增加一单位某种生产要素投入量时所减少的另一种要素的投入数量。以 $MRTS_{LK}$ 表示劳动对资本的边际技术替代率,则:

$$MRTS_{LK} = -\frac{\Delta K}{\Delta L}$$

式中, ΔK 和 ΔL 分别表示资本投入量的变化量和劳动投入量的变化量,式中加负号是为了使

$MRTS_{LK}$ 为正值,以便于比较。边际技术替代率等于两种要素的边际产量之比。边际技术替代率是建立在等产量曲线的基础上,所以对于任意一条给定的等产量曲线来说,当用劳动投入代替资本投入时,在维持产量水平不变的前提下,由增加劳动投入量所带来的总产量的增加量和由减少资本量所带来的总产量的减少量必然相等。

边际技术替代率是递减的,是因为边际产量是逐渐下降的。其一,当资本量不变时,随着劳动投入量的增加,则劳动的边际产量有递减趋势;其二,当资本量也下降时,劳动的边际产量会下降得更多。

二、等成本线

等成本线是在既定的成本和既定的生产要素价格条件下生产者可以购买到的两种生产要素的各种不同数量组合的轨迹。其表达公式称之为成本方程,也称为厂商的预算限制线,表示厂商对于两种生产要素的购买不能超出它的总成本支出的限制。设 w 为劳动的价格,r 为资本的价格,则有 $C = w \cdot L + r \cdot K$。对上式进行恒等变形,可导出 $K = -\frac{w}{r}L + \frac{C}{r}$,由此式可得出等成本线。如图 4-5 所示。图中等成本线在纵轴上的截距 $\frac{C}{r}$ 表示全部成本支出用于购买资本时所能购买的资本数量,等成本线在横轴上的截距 $\frac{C}{w}$ 表示全部成本支

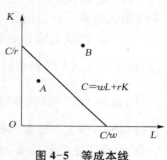

图 4-5 等成本线

出用于购买劳动时所能购买的劳动数量,等成本线的斜率为 $-\frac{w}{r}$,其大小取决于劳动和资本两要素相对价格的高低。

在图 4-5 中,在等成本线以内的区域,其中的任意一点(如 A 点)表示既定的总成本没有用完;等成本线以外的区域,其中的任意一点(如 B 点)表示既定的成本不够购买该点的劳动和资本的组合;等成本线上的任意一点表示既定的全部成本刚好能购买的劳动和资本的组合。

三、最优的生产要素组合

在长期生产中,任何一个理性的生产者都会选择最优的生产要素组合进行生产,从而实现产出的最大化。所谓生产要素的最优组合是指在既定的成本条件下的最大产量或既定产量条件下的最小成本。生产要素的最优组合也称为生产者的均衡。下面分两种情况来分析。

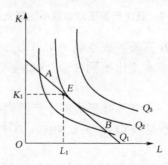

图 4-6 既定成本下产量最大的要素组合

（一）既定成本下最大产量的要素最佳组合

成本既定、价格既定、技术既定，要求最大产量，如何选择最优生产要素组合？

如图 4-6，假定厂商的既定成本为 C，劳动的价格为 w，资本的价格为 r，把一条等成本线和 3 条等产量线画在同一个平面坐标系中。从图 4-6 可以确定厂商在既定成本下实现最大产量的最优要素组合，即生产的均衡点。

逻辑分析：

（1）Q_3 曲线上的任何一点都不是最优的生产要素投入组合点。图中等产量线 Q_3 代表的产量水平最高，但处于等成本线以外的区域，表明厂商在既定成本条件下，不能购买到生产 Q_3 产量所需的要素组合，因此 Q_3 代表厂商在既定成本下无法实现的产量。

（2）Q_1 曲线上的任何一点都不是最优点。因为在 A 点至 B 点之间虽然可以购买得起。但是不是最大的商品数量组合，所以效用没有达到最大化。

（3）Q_2 曲线上的 E 点是最优的生产要素投入组合点。等产量线 Q_2 与等成本曲线相切于 E 点，则此时等成本线斜率的绝对值与等产量线斜率的绝对值相等。即：$MRTS_{LK} = \dfrac{MP_L}{MP_K} = \dfrac{P_L}{P_K} = \dfrac{w}{r}$，此时无论厂商减少劳动投入量或减少资本投入量，在维持产量不变的情况下，都不可能多得到另一种生产要素的投入量，因此也不能使总产量增加，所以此时厂商不再变动生产要素组合，实现了生产者均衡，也达到了生产要素的最优组合。

所以达到生产要素最优组合的条件是：$MRTS_{LK} = \dfrac{w}{r}$。

（二）既定产量下最小成本的要素最佳组合

产量既定、价格既定、技术既定，要求最小成本，如何选择最优生产要素组合？

假设厂商的既定产量为 Q，则可用图 4-7 来分析既定产量下的最优生产要素组合。

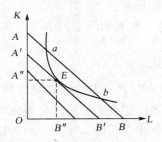

图 4-7　既定产量下成本最小的要素组合

图 4-7 中有一条等产量线 Q，三条等成本线 AB、$A'B'$、$A''B''$。等产量线 Q 代表既定的产量，三条等成本线斜率相同，但总成本支出不同：$C_{AB} > C_{A'B'} > C_{A''B''}$。

逻辑分析：

（1）$A''B''$ 等成本线上的任何一点都不是最优的生产要素投入组合点。图 4-7 中等成本线 $A''B''$ 与等产量线 Q 没有交点，等产量线 Q 在等成本线 $A''B''$ 以外，所以产量 Q 是在 $A''B''$ 的成本水平下无法实现的产量水平。

（2）AB 等成本线上的任何一点都不是最优的生产要素投入组合点。等成本线 AB 与等产量线 Q 有两个交点 a、b，在 a、b 之间的产量虽然可以达到，但是此时所花的成本不是最小成本。沿着 a 点往下走或者沿着 b 点往上走都可以使成本变小，所以厂商不会在 a、b 点达到均衡。

（3）$A'B'$ 等成本线上的 E 点是最优的生产要素投入组合点。等成本线 $A'B'$ 与等产量线 Q 相切于 E 点，按照上述相同的分析方法可知：厂商不会在 a、b 点达到均衡，只有在切点 E，才是厂商的最优生产要素组合。因此厂商最优生产要素组合的约束条件是：

$$MRTS_{LK} = \frac{w}{r}$$

该式表示厂商应该选择最优的生产要素组合，使得两要素的边际技术替代率等于两要素的价格之比，从而实现成本既定条件下产量最大，或产量既定条件下成本最小。

上式说明如果劳动和资本可以实现替代，那么生产要素最优组合比例不仅要视它们各自的生产力，而且要视它们各自的价格而定。既定成本条件下的产量最大化与既定产量条件下的成本最小化所推导出的两要素的最优组合原则是一致的。

第五节　规模报酬

长期中，厂商对两种要素同时进行调整，引起规模改变。随着规模的变化，产量也相应发生变化，研究其变化规律，涉及规模报酬问题。

一、何为规模报酬

生产规模变动与所引起的产量变化的关系即为规模报酬问题。企业生产规模的改变，一般说来是通过各种要素投入量的改变实现的，在长期中才能得到调整。

各种要素在调整过程中，可以以不同组合比例同时变动，也可以按固定比例变动。在生产理论中，常以全部生产要素以相同的比例变化来定义企业的生产规模变化，因此，所谓规模报酬是指在其他条件不变的情况下，各种生产要素按相同比例变动所引起的产量的变动。根据产量变动与投入变动之间的关系可以将规模报酬分为三种：规模报酬不变、规模报酬递增和规模报酬递减三种情况。

二、规模与产量之间变动关系的三种情况

1. 规模报酬递增

一个厂商的生产规模扩大后，如果产量增加的比例大于生产要素增加的比例，则称为规模报酬递增。例如，若某厂商将投入的劳动和资本都等比例地扩大 n 倍，而产量增加的幅度大于 n 倍，就说该厂商的规模收益递增。当劳动和资本分别投入 2 个单位时，产出为 100 个单位，但生产 200 单位产量所需的劳动和资本投入分别小于 4 个单位。产出是原来的 2 倍，投入却不到原来的 2 倍，就说明此时存在规模报酬递增。

2. 规模报酬不变

一个厂商的生产规模扩大后，如果产量增加的比例等于生产要素增加的比例，则称为规模报酬不变。例如，若某厂商将投入的劳动和资本都等比例地扩大 n 倍，而产量增加的幅度等于 n 倍，就说该厂商的规模收益不变。当劳动和资本分别投入 2 个单位时，产出为 100 个单位，

当劳动和资本分别投入 4 个单位时,产出为 200 个单位。产出与投入增加相同的倍数,则此时规模报酬不变。

3. 规模报酬递减

一个厂商的生产规模扩大后,如果产量增加的比例小于生产要素增加的比例,则称为规模报酬递减。例如,若某厂商将投入的劳动和资本都等比例地扩大 n 倍,而产量增加的幅度小于 n 倍,就说该厂商的规模收益递减。当劳动与资本分别投入 2 个单位时,产出为 100 个单位;但当劳动与资本分别投入 4 个单位时,产出低于 200 个单位,投入是原来的两倍,但产出却不及原来的两倍,则此时存在规模报酬递减。

【案例】 4-2

针厂的经验

亚当·斯密在其著作《国民财富的性质和原因的研究》中描述了针厂工人之间专业分工的情形:

一个没有受过这种业务训练而又不熟悉他所使用的机器的工人,用他最大的努力,或许一天制造不出一枚针,即使制造出来肯定不会超过 20 枚。但是按照这种业务现在进行的方式,不仅整个工作是一个专门的行业,而且它所分成的若干部门大部分也是专门的职业部门。一个抽铁丝,另一个拉直,第三个人切断,第四个人削尖,第五个人磨光顶端以便安装针头。做针头要求有两三道不同的操作;装针头是一项专门的业务;把针刷白是另一项;甚至将针装进纸盒中也是一项专门的职业。这样,制针这一重要的业务就分成了大约 18 道不同的工序,在有些工厂中,每一道都由不同的人手担任,在其他的工厂中一个人可能担任两三道不同的工序。我见过一个这样的小厂,那里只雇佣了 10 个人,因此有些人担任两三道不同的工序。虽然他们很穷,必要的机器设备也不足,但在奋力而为时,每天也可以造针 12 英镑。每英镑将近有中等大小的针 4 000 枚。因此 10 个人每天能制针 48 000 枚。每个人制造 48 000 枚针的 1/10,就是每天制针 4 800 枚。但是如果他们全都独自分别工作,没有一个人受过这种专门业务的训练,那他们肯定不能每人每天制造出 20 枚针,或许连一枚也造不出来。这就是说,肯定不能完成他们现在由于适当分工和各种不同操作的结合所能完成的工作量的 1/240,或许甚至不能完成其 1/4 800。

在每一种其他的工艺和制造业中,劳动分工的效果也同这种微不足道的制造业一样,虽然在他们之中的许多行业,劳动不能如此细分,每项工序也不能变得如此简单。可是在每一种工艺中,只要能采用劳动分工,劳动生产力就能成比例的增长。在享有最发达的产业和效率增进的那些国家,分工也进行得最彻底;在未开化社会中一个人从事的工作,在进步社会一般由几个人担任……

亚当·斯密在针厂中观察到的专业化分工在现实生活中普遍存在。例如,如果你想盖一个房子,你可以试图自己完成所有的工作。但是这样的效率是很低的。大多数人是找建筑商,建筑商又雇佣木工、油漆工、水电工和许多其他类型的工人。这些工人专门从事某种工作,而且这使得他们比作为通用型工人时做得更好。规模经济是现代社会繁荣的一个原因。

(资料来源:张千友.西方经济学案例与实训教程[M].北京:北京理工大学出版社,2013.)

【课后练习】

一、单项选择题

1. 一条等产量曲线上任意两点的产量肯定（　　）。
   A. 不相等　　　　　　　　　　　B. 相等
   C. 无关　　　　　　　　　　　　D. 以上情况都存在

2. 等产量曲线的特征不包括（　　）。
   A. 任何两条等产量曲线不相交
   B. 离原点越远的等产量曲线代表的产量水平越高
   C. 等产量曲线向右下方倾斜且凸向原点
   D. 离远点越近的等产量曲线代表的产量水平越高

3. 当其他生产要素不变，而一种生产要素连续增加时（　　）。
   A. 总产量会一直增加　　　　　　B. 总产量开始增加，当达到最大时会减少
   C. 总产量会一直下降　　　　　　D. 总产量先减少后增加

4. 某企业采用最低成本进行生产，单位资本的价格为 20 元，单位劳动的价格为 8 元，若资本的边际产量为 5，劳动的边际产量为（　　）。
   A. 2　　　　　B. 3　　　　　C. 4　　　　　D. 1

5. 最优生产要素组合出现在（　　）。
   A. 等产量曲线和等成本曲线相切的点
   B. 等产量曲线和等成本曲线相交的点
   C. 等产量曲线和等成本线相离
   D. 都有可能

二、计算题

已知生产函数 $Q = f(L, K) = 2KL - 0.5L^2 - 0.5K^2$，假定厂商目前处于短期生产，且 $K = 10$。

（1）写出在短期总产量 TP_L 函数、劳动的平均产量 AP_L 函数和劳动的边际产量 MP_L 函数。

（2）分别计算当劳动的总产量 TP_L、劳动的平均产量 AP_L 和劳动的边际产量 MP_L 各自达到最大值时的厂商的劳动投入量。

三、实践项目

【案例内容】

大跃进时期有个时髦的口号"人有多大胆，地有多大产"。于是一些地方把传统的两季稻改为三季稻，结果是产量反而减少。两季稻是我国农民长期生产经验的总结，它行之有效。在传统农业技术下，两季稻改为三季稻并没有改变上述生产要素，只是增加了劳动、种子的投入量，这导致土地过度利用反而引起肥力下降，设备、水力、肥料等由两次使用改为三次使用，每次使用的数量不足。这样，三季稻的总产量反而低于两季稻。后来，四川省把三季稻改为两季稻，全省的粮食产量反而增加了。江苏省邗江县 1980 年的实验结果表明，两季稻每亩总产量达 1 007 千克，而三季稻只有 755 千克，更不用说两季稻还节省了生产成本。群众总结的经验

是"三三见九,不如二五一十"。

【案例讨论问题】

(1) 上述这个案例说明了什么问题?

(2) 请列举生活中的例子,如何体现边际报酬递减规律。

第五章 成本理论

上一章我们分析了生产要素的投入与产量之间的关系,在此基础上提出了生产者均衡的条件。但是,生产者为了实现利润最大化,不仅要考虑这种物质技术关系,而且还要考虑生产要素投入量背后的成本和产量背后的收益之间的经济关系,还要分析生产者的成本与利润最大化应掌握的原则。这就是我们第五章要讨论的问题。

第一节 关于成本的几个概念

一、机会成本与沉没成本

经济学家对成本的看法与财会人员不同。会计人员通常关注的是企业的资产和负债以及向外部使用者报告以往的财务状况。而经济学家则面向未来,关心的是稀缺资源的配置,关注的是将要发生的成本预计是多少,怎样通过资产重新组合降低生产成本并提高利润。经济这个词告诉我们要区分企业可以控制的和不能控制的成本,从而首先要了解机会成本和沉没成本两个概念。

机会成本是指生产者所放弃的使用相同的生产要素在其他生产用途中所得到的最高收入。例如:当一个厂商决定投资1 000万元用于发电,厂商需要购买原油、发电设备等生产要素。若这1 000万元没有投资发电还可以有其他不同的用途,如制造化纤品或投资其他领域,假如投资化纤品的收入是各种产品中收入最高的,则用1 000万元投资发电的机会成本就是同一笔资金投资化纤产品的收入。显然机会成本是隐性的,但在进行经济决策时必须考虑。与之相对应的是沉没成本。沉没成本,也叫沉淀成本,是指已经发生而无法收回的费用。

比如,某人买了一张电影票去看电影,看了半个小时,发现电影的剧情胡编乱造,演员演技拙劣,道具服装布景很差,配乐也很糟糕。现场已经有一部分人开始中途退场了,但是你却因为心疼电影票钱而继续耗在电影院里。这里沉没成本就是你耗在电影院里浪费的时间不能去做其他事情的成本。

【想一想】

如今,家长都舍得花钱在子女的教育上,特别是一些收入较低的家庭,做父母的宁愿节衣缩食供子女读大学。那么是否每个人都应该做出上大学的决策呢?谈谈你上大学的成本与收益。

二、显成本和隐成本

在实际经济分析中,要注意显成本与隐成本的区别。显成本(Explicit Cost)是指厂商在生产要素市场上购买或租用所需要的生产要素的实际支出,这些支出是在会计账目上作为成本项目记入账上的各项费用支出。比如,厂商支付所雇佣的管理人员和工人的工资、所借贷资金的利息、租借土地、厂房的租金以及用于购买原材料或机器设备、工具和支付交通能源费用等支出的总额,即厂商对投入要素的全部货币支付,记录在账目上。

隐成本(Implicit Cost)是对厂商自己拥有的、且被用于该企业生产过程的那些生产要素所应支付的费用。这些费用并没有在企业的会计账目上反映出来,所以称为隐成本。例如,厂商将自有的房屋建筑作为厂房,企业所有者把自己的资金投入本企业,企业家为本企业提供劳务等,都没有获得相应的报酬。但从机会成本角度看,隐性成本必须按照企业自有生产要素在其他最佳用途中的收入来支付,否则厂商会把自有资产转移到其他用途中而赚取更大的利益。

三、经济利润与正常利润

通过前面的分析我们可以看到会计中的成本与经济学中的成本概念是不同的,从而会计中讲的利润和经济学中讲的利润也不一样。会计中的利润是用总收入减去显成本;而经济学中的经济利润,是指厂商的总收益和总成本之间的差额。这里的总成本是既包含了显成本也包含了隐成本。通常讲的厂商追求最大利润,指的是最大的经济利润,也称为超额利润。可以看出即使厂商的超额利润为零,厂商所承担的显成本和隐成本都已经弥补。企业获得了正常利润。什么是正常利润呢?正常利润是指厂商对自己所提供的企业家才能的报酬的支付。

企业所追求的利润就是最大的经济利润。在西方经济学中经济利润对资源配置和重新配置具有重要意义。如果某一行业存在着正的经济利润,这意味着该行业内企业的总收益超过了机会成本,生产资源的所有者将要把资源从其他行业转入这个行业中。因为他们在该行业中可能获得的收益,超过该资源的其他用途。反之,如果一个行业的经济利润为负,生产资源将要从该行业退出。经济利润是资源配置和重新配置的信号。

第二节 短期成本曲线

经济学中所说的短期是指不能根据它所要达到的产量来调整全部生产要素的时期。短期内,原料、燃料和生产工人的数量是容易调整的,而厂房、机器设备和管理人员的数量不容易变动。我们把短期内可以调整的成本称为可变成本,短期内不能调整的成本称为固定成本。这一节我们具体介绍短期内成本变动的规律。

一、短期成本的分类

1. 短期总成本(Short-run Total Cost)

短期内生产一定产量所付出的全部成本,是厂商固定成本与可变成本之和。固定成本(Fixed Cost)是指那些短期内无法改变的固定投入所带来的成本,这部分成本不随产量的变化而变化。一般包括厂房和资本设备的折旧费、地租、利息、财产税、广告费、保险费等项目支出。即使在企业停产的情况下,也必须支付这些费用。

可变成本(Variable Cost)是指短期内可以改变的可变投入的成本,它随产量的变化而变化。例如:原材料、燃料、动力支出、雇佣工人的工资等。当产量为零时,变动成本也为零,产量越多,变动成本也越多。此总成本也是产量的函数。

只有在短期中,将成本分为固定成本和可变成本才是有意义的,因为在长期中,所有的成本都是可变成本。表 5-1 表示了某生产者生产过程中固定成本、可变成本、总成本随着产量变化的关系。产量从 0 到 7 的增长过程中固定成本始终保持在 12,而可变成本先递减型上升再递增型上升,总成本的变动趋势和总可变成本变动趋势是一样的。

表 5-1　短期内的各种生产成本

产量	固定成本	可变成本	短期总成本
0	12	0	12
1	12	6	18
2	12	8	20
3	12	9	21
4	12	10.5	22.5
5	12	14	26
6	12	21	33
7	12	31	43

这三个成本概念之间的关系为 $TC(Q) = TFC + TVC(Q)$。如果在坐标平面上表示这三条成本线,图 5-1 反映了它们的相对关系。

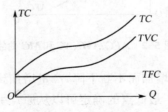

图 5-1　TC、TFC、TVC 曲线

2. 短期平均成本(Short-run Average Cost)

厂商短期内平均生产每一单位产品所消耗的全部成本。在数值上,平均成本是等于总成本除以产品数量。平均成本是企业中广泛使用的概念,通过比较平均成本和平均收益就可以知道企业是否获利。短期平均成本分为两个部分:平均不变成本和平均可变成本。其中平均不变成本(Average Fixed Cost)是指厂商短期内平均生产每一单位产品所消耗的固定成本。可用公式表达为:$AFC = \dfrac{TFC}{Q}$。平均可变成本(Average Variable Cost)是指厂商短期内生产一单位产品平均所消耗的变动成本。可用公式表达为 $AVC = \dfrac{TVC}{Q}$。

3. 短期边际成本(Short-run Marginal Cost)

厂商在短期内每增加一单位产量所引起的总成本的增加。可用公式表达为:$MC = $

$\frac{\Delta TC}{\Delta Q}$,当 $\Delta Q \to 0$ 时,$MC = \lim_{\Delta Q \to 0} \frac{\Delta TC}{\Delta Q} = \frac{dTC}{dQ}$。从公式可知:$MC$ 是 TC 曲线上相应点的切线的斜率。我们可以由表 5-2 的结构进一步算出 AVC、AFC、AC、MC 的结果。

表 5-2　平均成本和边际成本

产量	总成本	平均固定成本	平均可变成本	平均成本	边际成本
0	12				
1	18	12	6	18	6
2	20	6	4	10	2
3	21	4	3	7	1
4	22.5	3	2.6	5.6	1.5
5	26	2.4	2.8	5.2	3.5
6	33	2	3.5	5.5	7
7	43	1.7	4.4	6.1	10

把这些结果描绘在一个坐标系上,如图 5-2,可以看出它们变动的规律。

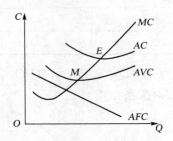

图 5-2　AFC、AVC、AC 和 MC 曲线

平均可变成本初期随着产量增加而不断下降,产量增加到一定量时,AVC 达到最低点,而后随着产量继续增加,开始上升。最低点的确定可以从原点引一条射线与 VC 相切,切点的左边,总可变成本增长慢于产量增长,因此 VC/Q 的值是下降的。在切点的右边,总可变成本快于产量增长,因此 VC/Q 的值是上升的。在切点对应的产量上,平均可变成本达到最低点。

平均成本初期随着产量的增加,不断下降,产量增加到一定量时,ATC 达到最低点,而后随着产量的继续增加,ATC 开始上升。最低点的确定方法为从原点引一条射线与 TC 相切,切点的左边,总可变成本增长慢于产量增长,因此 TC/Q 的值是下降的。在切点的右边,总可变成本快于产量增长,因此 TC/Q 的值是上升的。在切点对应的产量上,平均总成本达到最低点。

这里 ATC 与 AVC 的变动规律相同,但两点不同须特别注意:第一,ATC 一定在 AVC 的上方,两者差别在于垂直距离永远是 AFC。当 Q 无穷大时,ATC 与 AVC 无限接近,但永不重合,不相交。第二,ATC 与 AVC 最低点不在同一个产量上,而是 ATC 最低点对应的产量较大。即 AVC 已经达到最低点并开始上升时,ATC 仍在继续下降,原因在于 AFC 是不断下降的。只要 AVC 上升的数量小于 AFC 下降的数量,ATC 就仍在下降。

最后边际成本曲线是总成本曲线上相应点的切线的斜率。MC 随着产量的增加,初期迅速下降,很快降至最低点,而后迅速上升,上升的速度快于 AVC、ATC。MC 的最低点在 ATC 由递减上升转入递增上升的拐点的产量上。

由于 $TC = FC + VC$,而 FC 始终不变,因此 MC 的变动与 FC 无关,MC 实际上等于增加单位产量所增加的可变成本。即:$MC = \dfrac{\mathrm{d}TC}{\mathrm{d}Q} = \dfrac{\mathrm{d}VC}{\mathrm{d}Q}$。

最后我们看一下边际成本与平均成本的关系。边际成本开始下降,然后逐渐上升;如果边际成本小于平均成本,必引起平均成本下降;如果边际成本大于平均成本,必引起平均成本上升。例如,你们班这个学期数学期末考试平均成绩为 85 分,现在从另外一个班转入一位新同学,他的数学成绩为 95 分,则加入这样一个边际量,会拉高你们班的数学平均成绩;相反如果加入的这个同学的数学成绩为 70 分,则加入这样一个边际量会拉低你们班的数学成绩。所以我们可以相应得出边际成本线一定通过平均成本线的最低点。

【案例】 5-1

边际分析在生产中的运用

某铁路区段过去一年内运货 10 万吨,每年折旧和贷款利息在内的全部成本为 100 万元。于是我们得出每运出一吨货的成本是 10 元,这就是平均成本的概念。这种方法被广泛运用在计划经济中。但这种方法的重要依据是过去的事物。并不反映当前的情况,一吨货的成本是 10 元,刚过去的那几小时的运输成本是多少?这就是边际成本,即每增加一单位的产量所增加的成本。所以这个例子的平均成本只包括直接与运量有关的成本,如工资、材料、电力等。现在边际分析方法的不断发展,人们进一步懂得了使用边际成本的概念,再结合目前形势下的某些特点就可以更科学地对未来加以预测。上例中如果该区段铁路的运输能力已达饱和,再增加运量已无可能,除非要进行一些重大的技术改造,例如改用大马力的机车、加固路基等,这些措施投资都是很大的,如果这样做铁路运输的边际成本就会提高。这个例子说明边际成本的概念是时时分析,比平均分析更能提供有用的信息。

运用边际成本分析方法对工矿企业的产量决定有着重大意义。当产量很低时,再多生产一件产品的成本呈下降趋势;当产量增加时,边际成本由降变升;当产量超过设计能力时,边际成本急剧上升。例如上面提到的铁路运输的边际成本就服从这一规律。我国著名经济学家茅于轼说:"我国大多数企业领导和会计师还不懂得边际成本的意义,更谈不上对边际成本曲线有什么研究。如果能改变这一局面,全国每年多创造几十亿利润是毫不费劲的事"。

二、短期成本变动的决定因素——边际报酬递减规律

边际报酬递减规律是短期生产理论中非常重要的一条理论。所谓边际报酬递减规律是指在技术水平和其他要素投入量不变的条件下,连续地增加一种可变生产要素的投入量,当这种可变生产要素的投入量小于某一特定数值时,增加该要素的投入量所带来的边际产量是递增的;当这种可变要素投入量连续增加并超过这一特定值时,增加该要素投入所带来的边际产量是递减的。

边际报酬递减规律是短期生产的一条基本规律,是消费者选择理论中边际效用递减法则在生产理论中的应用或转化形态。边际报酬递减规律成立的原因在于,在任何产品的生产过程中,可变生产要素与不变生产要素之间在数量上都存在一个最佳配合比例。开始时由于可变生产要素投入量小于最佳配合比例所需要的数量,随着可变生产要素投入量的逐渐增加,可变生产要素和不变生产要素的配合比例越来越接近最佳配合比例,所以,可变生产要素的边际产量呈递增的趋势。当达到最佳配合比例后,再增加可变要素的投入,可变生产要素的边际产量就呈递减趋势。

边际报酬递减规律是一个经验性的总结,但现实生活中的绝大多数生产函数似乎都符合这个规律。当然这一规律的前提之一是假定技术水平不变,故它不能预示技术情况发生变化时,增加一单位可变生产要素对产出的影响;这一规律的另一前提是至少有一种生产要素的数量是维持不变的,所以这个规律不适用于所有生产要素同时变动的情况,即不适用于长期生产函数。

【案例】 5-2

马尔萨斯人口论与边际报酬递减规律

马尔萨斯在《人口论》中对人类社会前景做出了悲观的预言:人口的增长速度将远远超过生产资料的增长速度,人口将绝对过剩。这一悲观预言的依据就是边际报酬递减规律。马尔萨斯认为人口数量是不断膨胀的,而地球上可供人类耕种的土地面积是有限的,因此越来越多的人类劳动投入到有限的土地上,由于边际报酬递减规律的作用,最终劳动的边际产量会下降,有限的土地将无法提供足够的食物,人口绝对过剩,大饥荒必然出现。

幸运的是,人类历史并没有按马尔萨斯的预言发展(尽管他正确地指出了边际报酬递减规律)。在20世纪,快速的科技进步改变了许多国家(如发展中国家中国、印度等)的食品生产方式,劳动的平均产量和食品总产出不但没有下降还上升了。这些技术包括高产抗病的优良品种、更高效的化肥及更先进的收割机械。数据显示,1960年以后,世界上总的食物生产的增幅甚至高于同期人口的增长。

请大家从人类发展的历史事实分析,马尔萨斯的预言为什么会失败?理解边际报酬递减规律,并分析这一规律发生作用的条件。

第三节 长期成本曲线

经济学中所说的长期是指厂商能根据所要达到的产量来调整全部生产要素的时期。所以长期没有固定成本与可变成本之分,一切生产要素都是可以调整的,一切成本都是可变成本。长期中我们只需要分析总成本、平均成本和边际成本。

一、长期总成本

长期总成本是指在长期中生产一定的产量所需要的成本总和。长期总成本随着产量的变动而变动。当产量为零时总成本为零。随着产量的增加,总成本增加。在开始生产时,要投入大量生产要素,而产量少时,这些生产要素无法得到充分利用,因此,成本增加的比率大于产量增加的比率。当产量增加到一定程度后,生产要素开始得到充分利用,这时成本增加的比率小于产量增加的比率,出现规模经济效益。最后,由于规模收益递减,成本的增加比率又大于产量增加的比率,如图5-3所示。

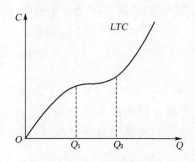

图 5-3 长期总成本曲线

从上图可以看出,该长期总成本曲线从原点出发,向右上方倾斜。表示长期总成本随着产量的增加而增加。产量在 $0 \sim Q_1$ 之间,长期总成本曲线比较陡峭,说明成本的增加速度大于产量增加的速度;产量在 $Q_1 \sim Q_2$ 之间,长期总成本曲线比较平坦,说明成本增加的速度慢于产量增加的速度;产量在 Q_2 以后,长期总成本曲线比较陡峭,说明成本的增加速度快于产量增加的速度。

二、长期平均成本

长期平均成本是指厂商在长期内按产量平均计算的最低成本。$LAC = \dfrac{LTC}{Q}$

从上式可以看出,LAC 是 LTC 曲线连接相应点与原点连线的斜率。因此,把长期总成本曲线上每一点的长期总成本值除以相应的产量,便得到每一产量点上的长期平均成本值。

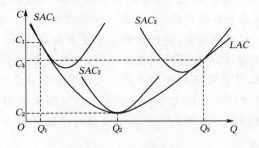

图 5-4 长期平均成本

如图5-4所示,长期来讲,厂商可以调整生产规模,所以厂商可以选择一个最优规模来生产想要的产品。比如假设经济社会有一订单 Q_1,社会可供选择的生产规模有 n 个,我们选了三个具有代表性的规模 SAC_1,SAC_2,SAC_3。如果厂商生产的产量为 Q_1,则选择 SAC_1 规模进行生产是成本最低的选择,此时最小的成本为 C_1。同理,如果生产 Q_2 产量,可供厂商选择的生产规模中,SAC_2 的成本最低,所以厂商会选择 SAC_2 曲线进行生产,其成本为 C_2。如果生产 Q_3,则厂商会选择 SAC_3 曲线所代表的生产规模进行生产,此时最小成本为 C_3。将与 Q_1、Q_2、

Q_3 三个产量点对应的点连接起来所形成的曲线,就是 LAC 曲线。

长期平均成本曲线呈现先下降后上升的 U 形特征是由长期生产中的规模经济和规模不经济决定的。规模在企业生产扩张的阶段,厂商由于扩大生产规模而使经济效益提高,使得产量增加的倍数大于成本增加的倍数,产生规模经济;但是继续扩大生产规模,厂商产量增加的倍数小于成本增加的倍数,产生规模不经济。可见在企业的生产扩张过程中,会先后出现规模经济和规模不经济。

【想一想】

规模经济与前面讲的规模报酬递增的关系是什么?为什么会产生规模经济效应呢?你能举出现实中的例子来说明规模经济和规模不经济问题吗?

【案 例】 5-3

全球每四个微波炉就有一台格兰仕

随着越来越广阔的市场,每个企业都有两种战略选择:一是多产业、小规模,低市场占有率;二是少产业,大规模,高市场占有率。格兰仕选择的是后者。格兰仕的微波炉,在国内已达到 70% 的市场占有率;在国外已达到 35% 的市场占有率。

格兰仕的成功就是运用规模经济的理论,即某种产品的生产,只有达到一定的规模时,才能取得较好的效益。微波炉生产的最小经济规模为 100 万台。早在 1996~1997 年间,格兰仕就达到了这一规模。随后,规模每上一个台阶,生产成本就下降一个台阶。这就为企业的产品降价提供了条件。格兰仕的做法是,当生产规模达到 100 万台时,将出厂价定在规模 80 万台企业的成本价以下;当规模达到 400 万台时,将出厂价又调到规模为 200 万台的企业的成本价以下;而现在规模达到 1 000 万台以上时,又把出厂价降到规模为 500 万台企业的成本价以下。这种在成本下降的基础上所进行的降价,是一种合理的降价。降价的结果是将价格平衡点以下的企业一次又一次大规模淘汰,使行业的集中度不断提高,使行业的规模经济水平不断提高,由此带动整个行业社会必要劳动时间不断下降,进而带来整个行业的成本不断下降。

成本低价格必然就低,降价最大的受益者是广大消费者。从 1993 年格兰仕进入微波炉行业到现在的 10 年之内,微波炉的价格由每台 3 000 元以上降到每台 300 元左右,降掉了 90% 以上,这不能不说是格兰仕的功劳,不能不说是格兰仕对中国广大消费者的巨大贡献。

三、长期边际成本

长期边际成本是指长期中增加一单位产量所增加的最低总成本。计算公式为:

$$LMC = \frac{\Delta LTC}{\Delta Q} \text{ 当 } \Delta Q \to 0 \text{ 时,}$$

$$LMC = \lim_{\Delta Q \to 0} \frac{\Delta LTC}{\Delta Q} = \frac{dLTC}{dQ}$$

从上式中可以看出 LMC 是 LTC 曲线上相应点的斜率。长期边际成本曲线也是随着产量的增加先减少而后增加,呈 U 形。长期边际成本和短期边际成本的关系与短期边际成本和短期平均成本的关系一样,长期边际成本曲线相交于长期平均成本曲线的最低点。即当长期边际成本小于长期平均成本时,长期平均成本往下拉(下降);当长期边际成本大于长期平均成本,则长期平均成本往上拉(上升)。

第四节 收益与利润最大化

厂商进行生产的目的是实现利润最大化,所以在分析成本的基础上,接下来要对收益进行分析。

一、厂商的收益

厂商收益就是厂商的销售收入,这里既包括了成本也包括利润。厂商的收益可以分为总收益、平均收益和边际收益。

总收益是指厂商按一定价格出售一定量产品时所获得的全部收入,即价格与销售量的乘积,以 P 表示商品的市场价格,以 Q 表示销售量,则有

$$TR(Q) = P \times Q$$

平均收益是指厂商出售一定数量商品,每单位商品所得到的收入,也是平均每单位商品的卖价。它等于总收益与销售量之比,也等于商品的单位价格。即

$$AR(Q) = \frac{TR(Q)}{Q} = \frac{P \times Q}{Q} = P$$

边际收益是指厂商增加一单位产品销售所获得的收入增量,即 $MR = \frac{\Delta TR}{\Delta Q}$。

在不同的市场结构中,收益变动的规律并不完全相同,边际收益曲线与平均收益曲线的形状也并不相同。这一点在下一章中会讲到。

二、利润最大化原则

市场经济社会里,厂商的行为是追求收益最大化。如何才能达成这一目标呢?现实中的做法不仅仅是将总收益与总成本进行一般比较,而且还要将每一笔投资的边际收益与边际成本进行比较。其实,边际收益等于边际成本时也即是总收益最大点。明白这一点是非常重要的。下面以完全竞争厂商的短期生产为例进行分析。

当 $MR > SMC$ 时,表明厂商每增加一单位产量带来的收益增加要大于成本的增加,作为理性厂商会继续增加生产,使得总收益进一步增加。此时,厂商会不断地增加产量,直到 $MR = SMC$ 为止。当 $MR < SMC$ 时,表明厂商每增加一单位产量带来的收益的增加小于成本的增加,说明增加产量给厂商带来的成本的增加大于收益的增加。此时,厂商会不断地减少产量,直到 $MR = SMC$ 为止。当 $MR = SMC$ 时,表明厂商既不增加产量也不减少产量。所以,在厂商的短期生产中, $MR = SMC$ 是厂商实现利润最大化的均衡条件。

我们还可以进行简单的数学推导。设厂商利润 π 是产量 Q 的函数,利润等于总收益减总成本,即

$$\pi(Q) = R(Q) - C(Q)$$

厂商得到利润最大化的必要条件为

$$\frac{d\pi}{dQ} = \frac{dR}{dQ} - \frac{dC}{dQ} = 0$$

得到 $MR = MC$。

其中 $MR = dR/dQ$，为某产量点的边际收益；$MC = dC/dQ$，为某产量点的边际成本，即厂商达到利润最大化的必要条件是生产推进到边际成本等于边际收益的产量点。

厂商利润最大化的必要条件为 $MR = MC$。在 $MR = MC$ 的均衡点上，厂商可能是盈利的，也可能是亏损的。如果是盈利的，这时的利润就是相对最大利润；如果是亏损的，这时的亏损就是相对最小亏损。不管是盈还是亏，在 $MR = MC$ 点上，厂商都处在收益曲线和成本曲线所能产生的最好的结果之中。

【课后练习】

一、名词解释

隐成本　显成本　机会成本　可变成本　固定成本　短期成本　长期成本　边际成本

二、选择题

1. 某厂商每年从企业的总收入中取出一部分作为自己所提供的生产要素的报酬，这部分资金被视为（　　）
   A. 显成本　　　　　B. 隐成本　　　　　C. 经济利润　　　　D. 固定成本

2. 对应于边际报酬的递增阶段，STC 曲线（　　）
   A. 以递增的速率上升　　　　　　　　B. 以递增的速率下降
   C. 以递减的速率上升　　　　　　　　D. 以递减的速率下降

3. 短期内在每一产量上的 MC 值应该（　　）
   A. 是该产量上的 TVC 曲线的斜率，但不是该产量上的 TC 曲线的斜率
   B. 是该产量上的 TC 曲线的斜率，但不是该产量上的 TVC 曲线的斜率
   C. 既是该产量上的 TVC 曲线的斜率，又是该产量上的 TC 曲线的斜率

4. 在从原点出发的射线与 TC 曲线的相切的产量上，必有（　　）
   A. AC 值最小　　　　　　　　　　　B. $AC = MC$
   C. MC 曲线处于上升阶段　　　　　　D. 上述各点都对

5. 在规模内在经济作用下的 LAC 曲线呈（　　）
   A. 下降趋势　　　B. 上升趋势　　　C. 先下降再上升　　D. 先上升再下降

6. 在任何产量上的 LTC 决不会大于该产量上由最优生产规模所决定的 STC。这句话（　　）
   A. 总是对的　　　　　　　　　　　　B. 肯定错了
   C. 有可能对　　　　　　　　　　　　D. 视规模经济的具体情况而定

7. 在 LAC 曲线与一条代表最优生产规模的 SAC 曲线相切的产量上必定有（　　）
   A. 相应的 LMC 曲线和代表最优生产规模的 SMC 曲线的一个交点，以及相应的 LTC 曲

线和代表最优生产规模的 STC 曲线的一个切点

  B. 代表最优生产规模的 SAC 曲线达最低点

  C. LAC 曲线达最低点

三、计算题

1. 假定某企业的短期成本函数是 $TC(Q) = Q^3 - 5Q^2 + 15Q + 66$。

(1) 指出该短期成本函数中的可变成本部分和不变成本部分；

(2) 写出下列相应的函数：$TVC(Q)$、$AC(Q)$、$AVC(Q)$、$AFC(Q)$ 和 $MC(Q)$。

2. 已知某厂商的生产函数为 $Q=0.5L^{1/3}K^{2/3}$；当资本投入量 $K=50$ 时资本的总价格为 500；劳动的价格 $P_L=5$。求：

(1) 劳动的投入函数 $L=L(Q)$。

(2) 总成本函数、平均成本函数和边际成本函数。

(3) 当产品的价格 $P=100$ 时，厂商获得最大利润的产量和利润各是多少？

3. 完全竞争行业中某厂商的成本函数为 $STC = Q^3 - 6Q^2 + 30Q + 40$，假设产品价格为 66 元，求：

(1) 利润最大化时的产量及利润总额。

(2) 由于竞争市场供求发生变化，由此决定的新的价格为 30 元，在新的价格下，厂商是否会发生亏损？如果会，最小的亏损额是多少？

(3) 该厂商在什么情况下才会退出该行业（停产）？

四、实践项目

根据人力资源和社会保障部的最新统计，自 2007 年以来，大学生的就业状况不是很理想，很多大学生选择自主创业。大学生自主创业也逐渐被社会承认和接受。为了提升大学生创业能力，提高大学生创业成功率，请运用所学知识拟定一份大学生创业策划书。策划书包括的内容：

(1) 项目实施的目的和意义；

(2) 市场分析；

(3) 营销计划；

(4) 公司管理；

(5) 风险分析和应对；

(6) 解决方案。

第六章 市场结构理论

本章在前两章讨论的基础上,进一步论证在不同的市场结构中,厂商如何确定自己的价格和产量,以获得利润最大化。按照市场的竞争和垄断程度,可以把市场结构划分为完全竞争市场、垄断竞争市场、寡头市场和完全垄断市场。

第一节 完全竞争市场的厂商均衡

一、完全竞争市场的含义与条件

完全竞争(Perfect Competition)又称为纯粹竞争。完全竞争市场是指竞争充分而不受任何阻碍和干扰的一种市场结构。完全竞争市场必须具备以下条件:

第一,市场上有大量的卖方和买方。单个生产者的销售量和单个消费者的购买量都只占很小的市场份额,他们的供应能力或购买能力对整个市场来说是微不足道的。这样,无论卖方还是买方都无法左右市场价格,他们都是价格的被动接受者,市场价格是由整个市场的供给和需求决定的。

第二,产品具有同质性,也就是同种产品之间不存在任何差别。因为产品是相同的,对于购买商品的消费者来说哪一个厂商生产的产品并不重要,他们没有理由偏爱某一厂商的产品,也不会为得到某一厂商的产品而必须支付更高的价格;因为产品无差别,对于生产者来说很难根据产品的差别化来定价,也就很难形成垄断。

第三,所有的资源都可以在各行业之间自由流动。厂商可以无成本地进入或退出一个行业,即劳动可以随时从一个岗位转移到另一个岗位,或从一个地区转移到另一个地区;资本可以自由地进入或撤出某一行业。资源的自由流动使得厂商总是能够及时地向获利的行业运动,及时退出亏损的行业,这样,效率较高的企业可以吸引大量的投入,缺乏效率的企业会被市场淘汰。资源的流动是促使市场实现均衡的重要条件。

第四,参与市场活动的经济主体具有完全信息。市场中的每一个卖者和买者都掌握与自己决策、与市场交易相关的全部信息,这一条件保证了消费者不可能以较高的价格购买,生产者也不可能以高于现行价格出卖,每一个经济行为主体都可以根据所掌握的完全信息,确定自己最优购买量或最优生产量,从而获得最大的经济利益。

显然,理论分析上所假设的完全竞争市场的条件是非常严格的,在现实的经济中没有一个市场真正具有以上四个条件,通常只是将某些农产品市场看成是比较接近的完全竞争市场类型。但是完全竞争市场作为一个理想经济模型,有助于我们了解经济活动和资源配置的一些基本原理,解释或预测现实经济中厂商和消费者的行为。

二、完全竞争厂商的需求曲线

在任何一个商品市场中,市场需求是针对市场上所有厂商组成的行业而言的,消费者对整个行业所生产的商品的需求称为行业所面临的需求,相应的需求曲线称为行业所面临的需求曲线,也就是市场的需求曲线,它一般是一条向右下方倾斜的曲线。消费者对行业中的单个厂商所生产的商品的需求称为厂商的需求曲线。在完全竞争条件下,厂商是市场价格的被动接受者,所以单个厂商所面临的需求曲线是一条由既定的市场均衡价格出发的水平线,如图 6-1 所示。

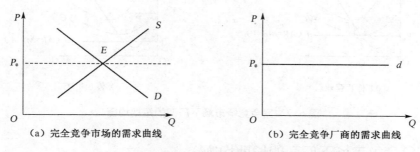

(a) 完全竞争市场的需求曲线　　　　(b) 完全竞争厂商的需求曲线

图 6-1　完全竞争市场需求曲线和完全竞争厂商的需求曲线

三、完全竞争市场下厂商的短期均衡

短期内厂商的生产规模是给定的,厂商在这一期限内并不能根据市场需求情况来调整全部生产要素。从整个行业来说,可能出现供大于求或供不应求的情况。厂商通过变动可变要素的投入量来调整产量,实现 $MR=MC$ 的利润最大化均衡条件,但可能面临盈利也可能面临亏损。

完全竞争厂商短期均衡时的盈亏状态可以用下面几幅图来说明。

第一,行业需求大于供给,价格水平高,平均收益大于平均成本,厂商获得超额利润[见图(a)]。

第二,行业需求等于供给,平均收益等于平均成本,厂商的经济利润恰好为零,但实现了全部的正常利润,处于盈亏平衡状态。在 Q_0 产量上,平均收益等于平均成本,总收益也等于总成本。由于在该点上,厂商既无经济利润,又无亏损,所以也把 SMC 与 SAC 的交点称为"盈亏平衡点"或"收支相抵点"[见图(b)]。

第三,行业需求小于供给,价格水平低,平均收益小于平均成本,但仍大于平均可变成本,即 $AVC<AR<SAC$,厂商亏损,部分固定成本可以弥补,所以厂商还应继续生产[见图(c)]。

第四,行业供给严重大于需求,价格水平超低,平均收益等于平均可变成本,此时厂商处于生产与停产的临界点。因为根据 $MR=SMC$ 的利润最大化原则,均衡产量为 Q_0。在 Q_0 产量上,平均收益小于平均总成本,必然是亏损的。同时平均收益仅等于平均可变成本,这意味着厂商进行生产所获得的收益,只能弥补可变成本,而不能收回任何的不变成本,生产与不生产对厂商来说,结果是一样的。所以,SMC 曲线与 SVC 曲线的交点是厂商生产与不生产的临界点,也称为"停止营业点"或"关闭点"[见图(d)]。

第五,行业供给严重大于需求,价格水平超级低,平均收益小于平均可变成本,即 $AR<AVC$,厂商处于亏损状态,应停止生产[见图(e)]。

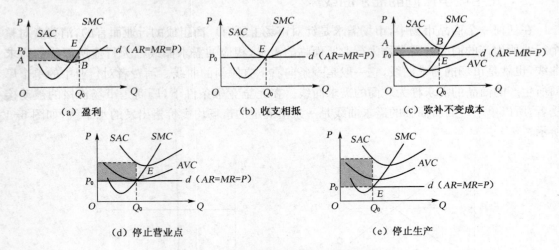

图 6-2 完全竞争市场下厂商的短期均衡

四、完全竞争市场下厂商的长期均衡

从长期来讲,厂商可以通过对全部生产要素的调整,来实现利润最大化。完全竞争市场下,要素可以在不同部门之间自由流动,或者说厂商可以自由进入或退出一个行业。生产要素总是会从亏损的行业退出流向能获得更大利润的行业,这样行业的供给发生变化,进而会影响市场价格,从而影响各个厂商的均衡。

结合下面这个图形具体来看,如果当某一行业开始时的产品价格较高为 P_1,厂商根据利润最大化均衡条件,将选择最优生产规模进行生产,如图 6-3 中的 Q_1 产量。此时厂商获得了利润,这会吸引一部分厂商进入到该行业中。随着行业内厂商数量的增加,市场上的产品供给就会增加,在市场需求相对稳定的情况下,市场价格就会不断下降,单个厂商的利润随之逐步减少,厂商也将随着价格的变化进一步调整生产规模。只有当市场价格水平下降到使单个厂商的利润减少为零时,新厂商的进入才会停止,至此厂商的生产规模调整至 Q_2 产量上。

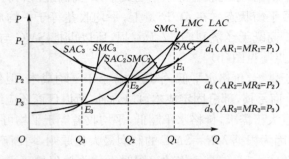

图 6-3 厂商进入或退出行业

相反,如果市场价格较低为 P_3,厂商根据 $MR=MC$ 的条件,相应的最优生产规模选择在 Q_3 产量上。此时,厂商是亏损的,这会使得行业内原有厂商中的一部分退出该行业的生产,随着行业内厂商数量的逐步减少,市场上产品的供给就会减少,若市场需求相对稳定,产品的市场价格就会上升,单个厂商的利润又会随之逐步增加。只有当市场价格水平上升到使单个厂商的亏损消失即利润为零时,厂商的退出才会停止。总之,不论是新厂商的加入,还是原有厂商的退出,最终这种调整将使市场价格达到等于长期平均成本最低点的水平,如图中的价格水平 P_2。在这一水平,行业中的每个厂商既无利润,也无亏损,但都实现了正常利润。

图中 E_2 点就是完全竞争厂商的长期均衡点。在这个长期均衡点上,LAC 曲线达到最低点,代表最优生产规模的 SAC_2 曲线相切于该点,相应的 SMC_2 曲线和 LMC 曲线都从该点通过,厂商面对的需求曲线与 LAC 曲线相切于这一点。总而言之,完全竞争厂商的长期均衡出现在 LAC 曲线的最低点。此时不仅生产的平均成本降到长期平均成本的最低点,而且商品的价格也等于最低的长期平均成本。

因此我们得到完全竞争厂商的长期均衡条件为:

$$MR = LMC = SMC = LAC = SAC = AR = P$$

【案 例】 6-1

谁让"蒜你狠"变"蒜你贱"

大蒜在中国已有两千多年的历史,是人们生活中不可缺少的食物和调料。中国也是重要的大蒜生产国和贸易国,产量和贸易量均占世界 70% 以上。

近年来中国大蒜价格波动幅度较大,引起了社会广泛关注。2013 年 5 月中下旬,又到了一年一度大蒜集中收获上市的时间。但随着低价新蒜入市、库存蒜来不及出清,大蒜价格一路下行,曾经的"蒜你狠"如今成了"蒜你贱"。

山东金乡县年产大蒜约 80 万吨,大蒜及大蒜制品出口占全国同类产品出口总量的 70% 以上。有"世界大蒜看中国,中国大蒜看金乡"的说法。

据金乡县农业局统计,2013 年新蒜开始收获后,收购商不多,价格低迷。鲜蒜价格从 1.30 元/斤下降到 0.70 元至 0.90 元每斤,个别镇(街)降到了 0.50 元/斤,而去年价格最少也在 2.7 元至 2.8 元。对大多数蒜商和蒜农来说,价格已经"崩盘"。按目前的价格计算,卖出一车大蒜农民才能挣两三百块,这样的收入还不如搬一天蒜赚得多。

北京市场上的大蒜 80% 以上来自山东金乡。蒜价的崩盘不仅体现在金乡本地收购价上,也体现在北京等零售市场上。2013 年北京市场上大蒜一块五一斤,比去年明显便宜。

近年来,蒜价大起大落,引起了社会广泛关注。2010 年蒜价高企,大蒜价格最高涨到每斤 10 元以上,都快赶上肉价了。"蒜你狠"引发种植热潮,直接导致 2011 年金乡大蒜的库存量从 2010 年的不到 90 万吨飙升至 130 万吨以上,这也造成 2011 年的大蒜收购价格最低时只有 1 元/公斤,大批蒜农连本钱都挣不回来。2011 年大蒜价格大幅"跳水"之后,2012 年大蒜又卷土重来,大蒜收购价格达每公斤 8 元,而且蒜农蒜商均出现观望惜售的局面。

蒜贵伤民、蒜贱伤农,似乎已经形成一个轮回的怪圈。大蒜价格波动不是让市民叫苦,就是让农民一年的辛苦付诸东流,甚至连本钱都挣不回来。

大蒜等农产品价格,主要受市场供求关系影响。在减产情况下,农民惜售再加上游资进入市场囤货,造成大蒜市场进一步供需不平衡,推动价格进一步上涨。

大蒜价格高企引发当年种植热潮,第二年大蒜产量剧增。而国内需求量相对稳定,供过于求加上多数蒜商处于"按兵不动"的观望状态,造成蒜农卖蒜无门,只得低价抛售,因此蒜价出现暴跌。大蒜暴涨暴跌的原因是当前的生产难以适应市场需求变化。

在中国,农民的组织化程度较低,资金较少,农民很难及时获得准确、全面的需求信息和科学的分析指导,只是凭借经验和不完整的信息碎片,决定生产的品种和数量。

目前中国农业生产仍以分散经营为主,尚未实现现代化、规模化种植,农户与大市场对接面临诸多困境。价格上涨时农户会盲目扩大规模,价格走低时又会一哄而散,从而造成大蒜价格剧烈波动。

如果有关部门和行业协会探索和做强农产品市场交易网络,使得各地的农产品种植情况、销售情况能够在第一时间被农民和蒜商掌握,将可以最大限度地稳定大蒜市场,促进大蒜产业可持续发展,这对保护消费者利益,促进农民增收,都具有重要意义。

(资料来源:http://finance.qq.com/zt2013/cjgc/ds.htm)

第二节 完全垄断市场的厂商均衡

一、完全垄断市场的条件

完全垄断又称纯粹垄断,与完全竞争市场结构相反,完全垄断市场结构是指一家厂商控制了某种产品全部供给的市场结构。在完全垄断市场上,具有以下特征:

第一,厂商数目唯一,完全垄断市场上只有一家厂商,没有第二家。

第二,完全垄断企业是市场价格的制定者。由于垄断企业控制了整个行业的供给,也就控制了整个行业的价格,成为价格制定者。

第三,完全垄断企业的产品不存在任何相近的替代品。否则,其他企业可以生产替代品来代替垄断企业的产品,完全垄断企业就不可能成为市场上唯一的供给者。因此消费者无其他选择。

第四,其他任何厂商进入该行业都极为困难或不可能,要素资源难以流动。

导致完全垄断的原因一般有以下几方面:

第一,对资源的独家控制。如果一家厂商控制了用于生产某种产品的全部资源或基本资源的供给,其他厂商就不能生产这种产品,从而该厂商就可能成为一个垄断者。典型例子是南非戴比尔斯公司,它控制了世界钻石产量的80%,几乎垄断了南非的钻石业。

第二,规模经济的要求。如果某种商品的生产需要大量固定资产投资,规模报酬递增阶段要持续到一个很高的产量水平,此时,大规模生产可以使成本大大降低。那么由一个大厂商供给全部市场需求的平均成本最低,两个或两个以上的厂商供给该产品就难以获得利润。这种情况下,该厂商就形成自然垄断。许多公用行业,如自来水供应、电力供应、煤气供应、地铁等是典型的自然垄断。

第三,专利制度的推进。专利权是政府和法律允许的一种垄断形式。专利权是为促进发明创造,发展新产品和新技术,而以法律的形式赋予发明人的一种权利。专利权禁止其他人生产某种产品或使用某项技术,从而形成垄断。

第四,政府特许权。某些情况下,政府通过颁发执照的方式限制进入某一行业的人数,如大城市出租车驾驶执照等。很多情况下,一家厂商可能获得政府的特权,而成为某种产品的唯一供给者,如邮政、公用事业等。执照特权使某行业内现有厂商免受竞争,从而具有垄断的特点。

二、完全垄断市场厂商的需求曲线和收益曲线

完全垄断条件下,市场上只有一家企业,企业和行业合二为一,企业就是行业。因此垄断厂商所面临的需求曲线就是整个市场的需求曲线,所以垄断厂商的需求曲线是向右下方倾斜的,如图 6-4 所示。

知道了完全垄断厂商的需求曲线,就可以分析垄断厂商的收益曲线。

需求曲线 $P = f(Q)$ 且 $\dfrac{dP}{dQ} < 0$

总收益:$TR = P \cdot Q$

平均收益:$AR = \dfrac{TR}{Q} = \dfrac{P \cdot Q}{Q} = P$

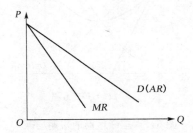

图 6-4　完全垄断厂商的需求曲线和收益曲线

边际收益:$MR = \dfrac{dTR}{dQ} = P + Q \cdot \dfrac{dP}{dQ}$

根据上述分析可以看出垄断厂商的收益曲线具有几个特点:(1)厂商的平均收益曲线与需求曲线重合。(2)由于完全垄断厂商的 P 与 Q 之间成反向关系,AR 曲线必向右下方倾斜,由 dP 与 dQ 之比一定是负数,可知 $MR < AR$,MR 曲线在 AR 曲线的下方。(3)由于每一销售量上的边际收益 MR 值就是相应 TR 曲线的斜率,所以,当 $MR > 0$ 时,TR 曲线的斜率为正;当 $MR < 0$ 时,TR 曲线的斜率为负;当 $MR = 0$ 时,TR 曲线的斜率为零时 TR 曲线达到最大值。

三、垄断厂商的短期均衡

在完全垄断市场,厂商可以通过调整产量和价格来实现利润最大化。但完全垄断厂商也不能为所欲为,要受到市场需求状况的约束。如果垄断厂商把商品价格定得太高,则消费者可以选择其他替代品的消费而减少对商品的消费量。同时,短期内厂商产量的调整还要受到固定生产要素(如厂房、机器设备等)无法调整的限制。所以在短期里,垄断厂商根据边际收益等于边际成本的条件生产依然会面临盈利或亏损。

下面三个图形分别展示了厂商获得超额利润(图 a)、正常利润(b)、亏损(c)的情况:

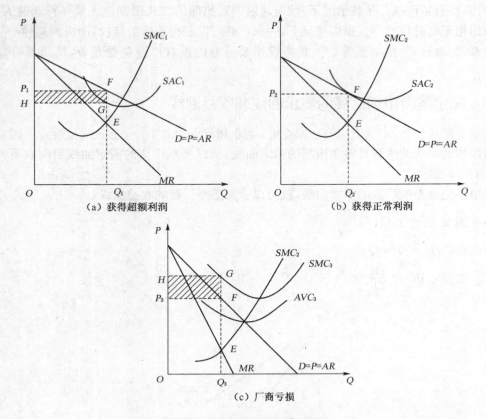

图 6-5 垄断厂商的短期均衡

四、垄断厂商的长期均衡

由于垄断产业只有一家厂商经营该产业的全部产品,不存在第二家企业,所以,即使垄断者存在超额利润(经济利润),在长期也不可能像完全竞争产业那样通过厂商间的竞争消除超额利润。因此垄断者的长期均衡是指垄断者在长期、自己进行调整而达到的利润最大化的均衡。

垄断厂商在长期内对于生产的调整一般有三种结果:

(1) 短期内是亏损的,长期内也不能扭亏,于是退出生产;

(2) 短期内是亏损的,长期内通过对于最优生产规模的选择,扭亏为盈;

(3) 短期内是盈利的,长期内通过对于最优生产规模的选择,获得更大盈利。

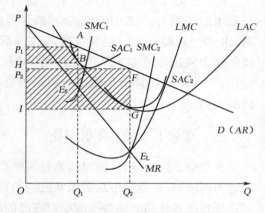

图 6-6 垄断厂商的长期均衡

我们以第二、三两种情况为例进行讨论。

如图 6-6 所示,假定垄断厂商目前的生产规模为 SAC_1、SMC_1 表示的生产规模,在 SMC_1

$=MR$ 所确定的产量水平 Q_1 上,垄断厂商实现了短期的利润最大化。其利润为矩形 HP_1AB 所表示的面积。

但是从长期看,这并不是最优的生产规模。由于长期中其他厂商不能进入,垄断厂商可以通过规模调整实现更大的利润。垄断厂商将会把产量调整到 $MR=LMC=SMC_2$ 所确定的产量水平 Q_2 上,此时对应的生产规模为 SAC_2 和 SMC_2 所表示的生产规模。对应的总利润为矩形 IP_2FG 所表示的面积,此时的总利润大于短期内所获得的总利润。

从图 6-6 中可以看出在 Q_2 产量水平上,MR 曲线、LMC 曲线、SMC 曲线交于一点,这表明厂商利润最大化的条件 $MR=MC$,不仅在短期得到满足,而且在长期也得到满足,所以垄断厂商的长期均衡条件是:

$$MR=LMC=SMC$$

【案例】6-2

钻石大鳄戴比尔斯如何垄断世界钻石资源

钻石恒久远,一颗永留传。曾被无数珠宝人奉为圭臬的广告,其背后的戴比尔斯(De Beers)公司却花了 100 年时间编制一张垄断世界的巨网。在珠宝行业能被称之为"帝国"的公司,戴比尔斯当之无愧。这家全球最大的钻石开采和销售的企业,曾经一度控制着全球 90% 的钻坯市场。高度的垄断,在过去一百年里不仅给戴比尔斯带来了对于全球钻石价格的实际操控能力,当然还有丰厚的利润。戴比尔斯如何垄断世界钻石资源?

第一步,解决价格大波动,稳定市场预期。

作为戴比尔斯公司的创始人塞西尔·罗德斯,1871 年在南非金伯利发现一颗钻石,重 83.5 克拉,他将所赚的全部利润投入矿业,使其迅速扩张成为独立的公司。并在 1888 年吞并了 Barney Barnato 和 Rhodes 公司垄断南非钻石行业。在戴比尔斯介入之前,钻石市场的价格异常混乱,波动厉害。直到 1889 年戴比尔斯和位于伦敦的 Diamond, Syndicate 达成协议,使钻石的购买价格稳定合理,钻石市场才稳定。当然这一策略很快被证明是明智之举。

第二步,不择手段拉拢对手形成垄断大联盟。

戴比尔斯决策层很早就认识到提升钻石价值的唯一方法就是使它们变得稀缺,就是减少产量。于是,他们透过各种手段拉拢小矿井、贸易商加入戴比尔斯合作社。然而随着南非不断有竞争力的矿井被发现,并开始拒绝加入戴比尔斯合作社,戴比尔斯的威胁也随之而来。眼看精心布置的计划即将破裂,战争给了戴比尔斯机会。决策层在第一次世界大战爆发前夕发现战争不可避免。于是,Rhode 亲自到前线向政府施加压力投入更多到军用救援资源而不是战略物资上。不考虑成为军需的优势,Rhode 将全部公司资源投入到建造防御工事,生产子弹、自卫武器和塞西尔长管炮的生产上。Rhodes 就这样保住了戴比尔斯,而竞争对手却未能在战争中幸免。最后顺势将竞争对手一个个吞并,并实现了对世界钻石产业 90% 的绝对控制。

第三步,买断帝国,戴比尔斯私有化之路。

在一句"既然股东们不认可戴比尔斯的价值,那么公司就没有必要继续为他们盈利"之后,由尼基·奥本海默为首的戴比尔斯以 197 亿美元买断了所有了戴比尔斯流通股票,将其私有化并和英美公司形成交叉控股。在实现了对戴比尔斯的绝对控制权后,尼基·奥本海默做出了一个战略大调整。2001 年,戴比尔斯接受贝恩公司的建议放弃最后购买者的角色,将库存放到市场上出售,提高库存周转率。同时致力于通过广告攻势来增加需求,定位为奢侈品。其核心理念是:"一个消费者只会拿出口袋里 1% 的钱购买钻石,却会拿出 10% 的钱购买奢侈品。"就这样,几十年的市场营销培养了钻石消费市场,文章开头那句经典广告词也被哈佛大学商学院列为经典案例之一。

击溃人造金刚石,抢滩中国市场

天然钻石作为特殊产品种类,其价值本身由它的稀缺性所决定。随着技术的发展和供应的增加,钻石的价值本应该下跌,在人造金刚石面前,更是没有任何成本优势。在人造金刚石材料方面中国占了全球 90% 左右的份额。然而,戴比尔斯凭借出色的市场控制能力、几十年的市场营销,尤其是深入人心的广告植入。实现了对钻石价格的绝对控制,人造金刚石在天然钻石面前败得体无完肤。因为,绝对不会出现产能过剩,也不会有人用合成钻石去结婚。就这样,戴比尔斯通过香港桥头堡的布局顺利挺进中国大陆市场,一步步占领市场份额。

(资料来源:http://www.wtoutiao.com/p/17bAqGQ.html)

第三节 垄断竞争市场的厂商均衡

在现实中符合完全竞争或垄断的严格条件的市场是极为罕见的,完全竞争和完全垄断是市场结构中的两个极端。现实中的市场则主要是介于完全竞争和垄断之间的市场结构,我们称之为垄断竞争和寡头垄断的市场。

一、垄断竞争市场的特征

第一,垄断特征。引起垄断竞争的基本条件是厂商所生产的产品是有差别的。而这种产品差别是指同一产品在价格、外观、性能、质量、构造、颜色、包装、形象、品牌、服务及商标广告等方面的差别,这些差别可以满足消费者不同的心理需求。比如家庭小汽车,它除了满足人们便利交通的需求之外,还可以满足多种心理需求,有人偏好实用,有人偏好样式,有人崇尚品牌,有人看中名牌汽车显示身份地位的作用等。这样,每一种有差别的产品都可以以自己产品的特色在消费者中形成垄断地位,而垄断能力的大小则取决于它的产品区别于其他厂商的程度。产品差别程度越大,垄断程度越高。

第二,竞争特征。产品之间虽然有差别,但是这些产品之间又存在很强的替代性来满足某些基本需求。比如,不同品牌不同款式不同型号的小汽车可以满足人们不同的心理需求,但是各类小汽车都能满足便利交通的需求,因此可以相互替代。同时在垄断竞争市场存在较多的厂商,这些厂商都会努力创造自己产品的特色,所以厂商之间又存在竞争。

经济中很多产品都是有差别的,因此垄断竞争是一种普遍现象。

二、垄断竞争厂商的需求曲线

由于垄断竞争厂商生产的是有差别的同类产品,因而和完全竞争的厂商只是被动地接受市场的价格不同,垄断竞争厂商对价格有一定的影响力,他可以通过改变自己生产产品的销售量来影响市场价格。因而,垄断竞争厂商所面临的需求曲线是一条向右下方倾斜的曲线。可是,由于在垄断竞争行业中厂商生产的产品都是有差别的替代品,因而市场对某一厂商产品的需求不仅取决于该厂商的价格—产量决策,而且取决于其他厂商对该厂商的价格—产量决策是否采取对应的措施。比如一个厂商采取降价行动,如果其他厂商不降价,则该厂商的需求量可能上升很多,但如其他厂商也采取降价措施,则该厂商的需求量不会增加很多。这样在分析垄断竞争厂商的需求曲线时,就要分两种情况进行讨论。

1. d 曲线——厂商主观想象的消费者对于本企业产品的需求曲线

因为在市场中有大量的企业存在,因而单个厂商会认为自己的行动不会引起其他厂商的反应,于是它便认为自己可以像垄断厂商那样,独自决定价格。这样,单个厂商在主观上就有一条斜率较小的需求曲线,称为主观需求曲线。

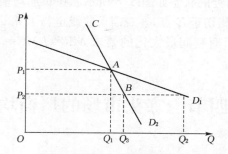

图 6-7 垄断竞争厂商所面临的需求曲线

2. D 曲线——厂商客观分析的消费者对于本企业产品的需求曲线

在现实中,一个垄断竞争厂商降低价格时,其他厂商为了保持自己的市场份额,势必也会跟着降价,该厂商因而会失去一部分顾客,需求量的上升不会如厂商想象的那么多,因而还存在着另外一条需求曲线,称之为客观需求曲线。

在图 6-7,垄断竞争厂商的主观需求曲线为 D_1,厂商最初的销售量为 Q_1,最初的价格为 P_1,因而位于主观需求曲线上的 A 点。当该厂商将产品的价格由 P_1 下调至 P_2 后,按照其主观需求曲线 D_1,厂商预期其销售量将提高至 Q_2。但是,由于该厂商降价时,其他厂商也将采取同样的措施,以维护自己的市场占有率,因此,该厂商的销售量实际只有 Q_3,即介于 Q_1 和 Q_2 之间,厂商实际销售量只能移动到客观需求曲线上的 B 点。

三、垄断竞争厂商的短期均衡

(1) 关于产量。垄断竞争厂商根据 $MR=MC$ 决定产量。

(2) 关于价格和收益。按照利润最大化的原则,最优产量在 MR 曲线与 MC 曲线的交点上,该产量对应的价格即为最优产品价格。

(3) 关于利润。如果 $P=AR>AC$,则盈利;如果 $P=AR<AC$,则亏损;如果 $P=AR=AC$,则经济利润为零,获得正常利润。

四、垄断竞争厂商的长期均衡

在长期内,垄断竞争厂商可以通过扩大或缩小其生产规模来与其他企业进行竞争,也可以根据自己能否获得经济利润来选择是进入还是退出一个行业。

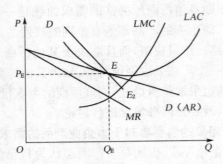

图 6-8 垄断竞争市场代表性企业的长期均衡

厂商实现长期均衡时所处的状态如图 6-8 所示。在长期均衡时,厂商的主观需求曲线 D 与长期平均成本曲线 LAC 相切于 E 点,客观需求曲线也与 D 和 LAC 曲线相交于 E 点,此时厂商的均衡产量 Q_E,满足厂商利润最大化的要求 $MR=LMC=SMC$。而此时的 $P=AR=LAC$,所以厂商的利润为零。

第四节 寡头市场的厂商均衡

一、寡头市场的特征

寡头市场是指少数几个厂商控制整个市场的产品的生产和销售的这样一种市场组织。市场中常常可以看到的现象如:大厂商对于零售商的统一零售价;捆绑销售;还有一种现象就是低价倾销。如果寡头行业每个厂商所生产的产品是同质的,例如钢铁、水泥、铜等产品生产的寡头,则称为纯粹寡头行业(Pure Oligopoly)。如果寡头行业每个厂商所生产的产品是有差别的,例如汽车、电脑产品生产的寡头,则称为差别寡头行业(Differentiated Oligopoly)。

由于寡头市场上少数几个厂商生产一个产业的全部或绝大部分产量,因此每一个厂商的行为都会对该市场发生举足轻重的影响。因为一个厂商的行为会对本产业整个产品市场发生举足轻重的影响,所以一个厂商采取某种对策扩大自己的产量,会遇到其对手的反对策行为。厂商之间的竞争行为是不确定的。一个厂商通过降价来扩大自己的市场份额可能会导致对手如法炮制。一个寡头通过广告战争夺市场,也会引起对手用相同手法来遏制它的行为。寡头之间也可能不是通过竞争而是通过合作的方式共同谋取好处,厂商之间勾结,产量是由各寡头之间协商确定的。而协商确定的结果有利于谁取决于各寡头实力的大小。

由于寡头间对策不确定,因此要想建立一个理想的模型解释寡头的价格与产量的决定是不可能的。实际上存在多种解释寡头行为的模型。模型的结论依赖于对寡头行为的假定。对寡头行为作出的假定不同,模型的结论也就不同。有多少关于竞争对手反应方式的假定,就有多少寡头厂商的模型,就可以得到多少不同的结果。因此,在西方经济学中,目前还没有找到一个寡头市场模型,可以对寡头市场的价格和产量的决定作出一般的理论总结。本节我们介绍古诺模型。

二、古诺模型

古诺模型(Cournot Model)是由法国经济学家古诺(Augustin Cournot)于1838年首先提出的。

1. 古诺模型的假设条件

(1) 一个产业只有两个寡头厂商,每个寡头生产和销售相同的产品,他们的生产成本为零,并追求利润最大化。

(2) 两个寡头同时作出产量决策,即寡头间进行的是产量竞争而非价格竞争,产品的价格依赖于二者所生产的产品总量。

(3) 双方无勾结行为。

(4) 每个生产者都把对方的产出水平视为既定,并依此确定自己的产量。

(5) 需求函数是线性的,并向右下方倾斜。

2. 古诺模型的产量和价格的决定用图6-9来说明

第一轮,A厂商率先进入市场,他将产量定为市场总容量的1/2,此时市场价格为P_1。从数学原理分析,这一产量决定将会给自己带来利润最大化。随后,B厂商进入市场,也按同样的逻辑思维行动,生产他所面临的市场容量的1/2,它将把产量定在Q_2,此时利润是最大的,但是价格下降为P_2。

第二轮,B的加入使市场供给总量增加了许多,但市场价格却下降了许多,A的利润总量也减少了许多。为了实现最大的利润,A厂商在无法挤兑B厂商时,只能重新调整产量,将产量定为自己所面临的市场容量的1/2,按此计算,A厂商产量有所减少,市场价格有所上升,将在现有条件下实现利润最大化。同理,A厂商的产量削减给B厂商腾出了部分市场份额;B厂商乘机也调整产量,也生产自己所面临的市场容量的1/2,于是,在A厂商的产量略有减少时B厂商的产量略有增加,虽然市场价格有所下降,但B将在现有条件下实现利润总量最大化。

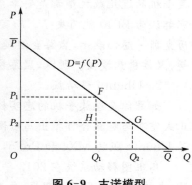

图6-9 古诺模型

……

在这样轮复一轮的过程中,A厂商的产量会逐渐减少,B厂商的产量会逐渐增加;最后,达到A、B两个厂商的产量都相等的均衡状态为止。在均衡状态中,A、B两个厂商的产量都为市场总容量的1/3,即每个厂商的产量为$\frac{1}{3}Q$,行业的总产量为$\frac{2}{3}Q$。

3. 古诺模型的推广

令寡头厂商的数量为m,则可以得到一般的结论如下:

每个寡头厂商的均衡产量 = 市场总容量 · $1/(m+1)$;

行业的均衡总产量 = 市场总容量 · $m/(m+1)$。

【案 例】 6-3

除了安卓、iOS、WP，还活着的手机操作系统咋了？

近日，Mozilla 宣布了一个意料之中的决定：所有 Firefox OS 的相关工作彻底终结，仅仅作为一个开源项目移交给社区进行维护（Firefox 是一款采用 Linux 核心，采用开放网络技术的智能手机操作系统）。其实，早在去年年底，Mozilla 就已经宣布了停止开发和售卖该系统的手机，现在的宣布只不过是彻底的终结。不像大家使用的某些专门的 App 那样选择多样，比如购物 App，你可以选择天猫、京东，也可以选择一号店、苏宁等，手机操作系统很容易形成寡头的局面，一款操作系统一旦被认可、使用，就会有越来越多的用户和资源朝它集中，比如目前基本上就是 Android 和 iOS 双雄鼎立——Windows 10 Mobile 哭晕在厕所。

当然，有 Firefox OS 这类的小众操作系统消失，就会有新的操作系统站上舞台，时代就是这样，在更迭中前进。下面就简单说说那些，虽然小众，但依旧活跃在市场这个大舞台上的手机操作系统，其中，有你熟悉的么？

1. Black Berry OS

黑莓系统还在？当我第一个列出 Black Berry 的时候，可能大家都有这样的疑惑，因为黑莓手机的近几款机型都是安卓系统，而且上月底黑莓突然关闭了公司手机业务部门，以至于大家都认为 BB10 就消失了。而实际上，虽说手机业务已经关闭，但黑莓移动销售高级副总裁亚历克斯·瑟伯表示，黑莓会继续支持 Black Berry 10 系统，如果有第三方厂商对这个系统感兴趣，黑莓愿意授权。所以，黑莓粉丝们也不要气馁，BB10 它仍然在。

2. Ubuntu 移动版

如果你是魅族手机的忠实粉丝，那么 Ubuntu（乌班图）你肯定很熟悉：在 2014 年，Ubuntu 正式宣布与魅族合作推出乌班图版 MX3，正式开启了 Ubuntu 系统的魅族时代。此后也推出了 Ubuntu 版的 MX4 和 Pro 5，口碑也甚好。

乌班图移动系统在 2013 年发布，如今已经走过三个年头，很显然，它是一款成熟的操作系统，支持 HTML5 网页程序，每个程序都可以不借助浏览器独立运行，有属于自己的图标。同时，Ubuntu 还是一个开放的系统，支持其他诸如 C、C++之类的语言，也会提供 SDK 包供开发者使用。乌班图手机最大的特点就是采用全手势操作，屏幕每个边缘都会对应不同操作，比如可以手势呼唤出程序菜单、已开的应用程序，甚至返回也通过手势操作完成。乌班图版的魅族手机如今已经走到第三代产品，而最新的爆料显示，魅族今年的旗舰机也会有 Ubuntu 版的，很有可能是 Pro 6 版，你期待么？

3. 三星 Tizen 手机操作系统

说到三星，可能大家都知道是世界上第一大安卓厂商，这是一个自豪点，也是一个危险点，虽说你拥有最多的安卓用户，拥有大把资源，但是一旦失去了谷歌的支持，或者安卓暴露出重大弊端，不能够获得用户信任，那么三星该如何应对这种尴尬局面呢？拥有自主 Soc、自研屏幕、内存等硬件自主开发能力的三星显然不愿意出现这样的局面，即便几率非常低。所以自主研发操作系统是个非常有必要的技术储备，即便它普及率很低，即便它只能使用在低端手机上，但它不可或缺。

如今的 Tizen 已经来到了第三代，Tizen 3.0 是 64 位操作系统，支持 64 位 ARM 和 X86 处理器，辅以 Vulkan API，其图形运行效率比上一代增加了 30%，并且支持 4K 分辨率、蓝牙 4.2 等，可以说，现在的 Tizen 已经不是当初的粗糙的系统了，至少在性能上，它足以媲美 Android。

4. Sailfish OS

自从诺基亚退出手机业务之后，不少不甘失败的诺基亚员工聚集起来，研发出了一款基于诺基亚 MeeGo 的操作系统：Sailfish OS（旗鱼系统），希望用一种全新的姿态重现 MeeGo 系统的风采，这款系统最大的亮点就是致力于带来非常优秀的多任务处理能力，且为了解决应用程序匮乏的局面，旗鱼系统的开发公司：Jolla 公司决定兼容大部分的 Android 应用，并且这些应用不需要经过开发者的调试，直接可以下载使用。

不过目前看来，这款企图搅局手机系统市场的诺基亚"继承者"似乎没有达到他们预想的局面，系统的安装率并不高，且推出的软硬件合一的智能手机产品也没有掀起多大波澜。在这里，笔者想要说的是，暂时的失败并不代表终结，坚持与努力终究会成功的。

这不，近日，Jolla 主席 Antii Saarnio 表示该公司近日已经完成 C 轮融资，资金问题得到缓解，当下首要任务是重新聘用部分员工，而 Sailfish（旗鱼）操作系统项目也将继续下去。Sailfish OS 的爱好者们可以缓口气了。项目继续之后，那么新一版的 Sailfish OS 还会远么？就在上个月中旬，Sailfish OS 2.0.2 发布了，在 2.0 版本的基础上继续提升，主要更新为 Intex Aqua Fish 和 Jolla C devices 增加支持，同时 FM 收音机和双 SIM 卡也被支持。对于 Sailfish 来说，梦想还是要有的，万一实现了呢？

5. Yun OS

除了安卓和 iOS，第三大操作系统是哪个？很多人说是 Windows Mobile。实际上并不对，答案令人惊讶，那就是国产操作系统——Yun OS。根据官方数据，截至 2016 年 5 月，Yun OS 智能手机已经出货超过 7 000 万部，2016 年整年可能会突破 1 亿台。目前，魅族手机、朵唯手机都是其忠实的合作伙伴。由于整体设计和安卓类似，所有很多用户误认为 Yun OS 是某种国产定制 UI，像小米的 MIUI、魅族的 Flyme 等一样。而真相是，Yun OS 只是兼容安卓程序，它本质是基于 Linux 开发的操作系统。

诚然，表面来看，无论是用户还是终端数目，Yun OS 都看上去是最有希望打破双雄鼎立局面，成为三国争霸位其一的操作系统，但真正细究，仍然是非常艰难的，主要原因还是第三方应用的匮乏，Yun OS 的应用来源还是基于对于安卓系统的兼容，自身的应用市场非常贫瘠，可以说等于零，而应用建设不是一朝一夕就可以完成的，它需要大量的资源，而且大环境也不比 2007 年的初创时代，如今的操作系统市场已经被 iOS 和安卓瓜分了，新的操作系统要插足显然很困难。所以，对于 Yun OS 这款国产操作系统来说，未来还有很长的路要走，切记不能被表面的数据蒙住双眼。

总结：对于这些小众手机操作系统来说，最重要的不是性能、功能，而是资源，所谓资源就是哪些手机厂商愿意用这个系统，这决定着这款系统的装机量，上述操作系统固然优秀，但凭什么人家放弃高度成熟的、免费的安卓系统，转而去用你这名不见经传的小 OS 呢？所以也只有 Yun OS 有这样的经济实力去支撑装机量了，毕竟其母公司阿里巴巴在各种手机厂商面前有着足够的话语权，但这里面，又有多少阿里巴巴呢？所以，对于这些小众手机操作系统来说，提高装机量的道路仍然非常遥远。

其次，资源这东西，从小处讲就是应用的问题，一个操作系统，只能刷个微博，上个QQ，不能购物、玩想玩的游戏，谁会去用呢？应用市场的匮乏，直接导致了这些小众手机操作系统难以撼动iOS、安卓鼎立的局面。当然也有操作系统采用兼容安卓应用的方式来暂时缓解应用匮乏的局面，但这种方法治标不治本，毕竟这些都是别人的。所以，对于这些小众手机操作系统来说，真的是任重道远，且行且珍惜。

（资料来源：http://tech.sina.com.cn/mobile/n/n/2016-10-29/doc-ifxxfysn8043511.shtml）

第五节　寡头厂商之间的博弈：博弈论初步

在前面的章节中，我们讨论的都是消费者或者厂商个人的决策，都是以"理性人""独立决策"的假设为前提，都认为完全竞争市场下个人效用最大化就会导致社会福利最大化。然而，现实并非完全如此。首先，"理性人"的假设条件并不严格成立，其次，我们看到，厂商无论是进行价格决策还是产量决策，都必须考虑竞争对手的反应。再次，完全竞争市场下个人效用最大化不一定就会导致社会福利最大化，有的时候消费者个人效用最大化的另一面是社会福利的负数化。博弈论（Game Theory）是对上一节寡头行为分析的继续和深入。其实，寡头厂商最优产量点的选择从而追求自身利益的最大化的过程就是一个博弈过程；博弈过程会出现多种博弈均衡，从策略均衡到最佳产量点之策略均衡，厂商就要通过重复博弈来实现。

一、博弈的基本知识

所谓博弈指的是一种决策，即每一行为主体的利益不仅依赖他自己的行动选择，而且有赖于别人的行动选择，以致他所采取的最好行动有赖于其竞争对手将选择什么行动。博弈论所研究的就是两个以上行为主体的互动决策及策略均衡。

任一个博弈过程包括3个基本要素：

A. 局中人（Player）

博弈中的每个决策者被称为局中人（也可称作选手和参与者），在具体的经济模型中，它们可以是厂商，也可能是厂商消费者或任何契约关系中的人，根据经济学的理性假定，局中人同样是以利益最大化为目标。

B. 支付（Payoff Structure）

支付是指博弈结束时局中人得到的利益。支付有时以局中人得到的效用来表示，有时以局中人得到的货币报酬来表示。局中人的利益最大化也就是指支付或报酬最大化。

C. 策略（Strategies）

策略（也称作战略）是局中人为实现其目标而采取的一系列行动或行动计划，它规定在何种情况下采取何种行动。

二、博弈均衡的基本概念

要解一个博弈问题，首先需确定博弈的策略均衡。博弈过程最基本的策略均衡有两种：占优策略均衡和纳什均衡。

1. 占优策略均衡

占优策略均衡是指无论其他参与者采取什么策略,其参与者的唯一的最优策略就是他的占优策略。也就是说,如果某一个参与者具有占优策略,那么,无论其他参与者选择什么策略,该参与者确信自己所选择的唯一策略都是最优的。博弈均衡是指博弈中的所有参与者都不想改变自己的策略的这样一种状态。如果所有参与者选择的都是自己的占优战略,该博弈均衡又被称为占优策略均衡。即:由博弈中的所有参与者的占优策略组合所构成的均衡就是占优策略均衡。

以囚徒困境为例,囚徒困境是一个双人博弈,它描述的是这样一种假设情况:两个人因涉嫌犯罪而被捕,但警察没有足够的证据指控他们确实犯了罪,除非他们两个人中至少有一个坦白交代。他们被隔离审查并被告知:如果两人都不坦白,因证据不足,每人都将坐1个月的牢;如果两人都坦白,每人都将坐6个月的牢;如果只有一个人坦白,那么坦白者将立即释放,不坦白者将坐9个月的牢。图6-10列出了这个博弈的支付矩阵。这里我们用坐牢时间的长短表示局中人的支付,坐牢带来的是负效应,所以我们用负数来表示收益情况。

	囚徒2 坦白	囚徒2 不坦白
囚徒1 坦白	<u>-6</u>, <u>-6</u>	<u>0</u>, -9
囚徒1 不坦白	-9, <u>0</u>	-1, -1

图 6-10 囚徒博弈

在这个博弈中,我们可以用划横线的方法找出双方最优的选择。具体做法是:对囚徒1来说,如果对方选择坦白,那么他也将坦白,两个人都坐6个月牢(因为如果他不坦白的话,等待他的将是9个月的刑期),所以就在-6下面划一横;如果对方选择不坦白,他的最优选择是坦白,这样他会立即释放,而对方将坐9个月的牢,所以在0下面划一横。可见无论对方是否坦白,他都会选择坦白。以囚徒2来说,如果对方选择坦白,他的选择将是坦白,所以在-6下面划一横;如果对方选择不坦白,则他的最优选择还是坦白,所以在0下面划一横。在上述囚徒困境中,如果两个囚徒都是理性的,他们都将选择坦白。这样,博弈的结果将是(坦白,坦白)(此时总收益为-12),这是一个占优策略均衡。但是,这一均衡给双方带来的支付低于策略组合(不坦白,不坦白)(因为如果双方都不坦白的话,每人只要坐1个月牢,总收益是-2)带来的支付。这一结果被称为是囚徒困境。囚徒困境带给我们的启发是,个人的理性选择有时不一定是集体的理性选择。换言之,个人的理性有时将导致集体的不理性。

	乙 投入	乙 不投入
甲 投入	<u>7</u>, <u>10</u>	3, 8
甲 不投入	6, 8	<u>8</u>, <u>9</u>

图 6-11 纳什均衡

2. 纳什均衡

纳什均衡是指在一个均衡里,如果其他参与者不改变策略,任何一个参与者都不会改变自己的策略。在有的博弈均衡中,某参与者并不存在既定的占优策略,他的占优策略随着其他参与者的策略的变化而变化。这一概念是由美国数学家约翰·纳什提出的,故称为纳什均衡。可以用图6-11来说明纳什均衡。假设甲乙二人合作打工。在工作态度这一问题上,甲乙双方的个人决策为图中四种模式:(1)当乙选择投入时,甲选择投入,则可得到7单位的好处;甲选择不投入,则可得到6单位的好处;(2)当乙选择不投入时,甲选择投入,则可得到3单位的好处;甲选择不投入,则可得到8单位的好处;(3)当甲选择投入时,乙选择投入,则可得到10单位的好处;乙选择不投入,则可得到8单位的好处;(4)当甲选择不投入时,乙选择投入,则可得到8单位的好处;乙选择不投入,则可得到9单位的好处。

利用划线法先看甲的最优选择:当乙选择投入时,甲的最优选择是投入,所以在7下面划一横;当乙选择不投入时,甲的最优选择是不投入,所以在8下面划一横。再看乙的最优选择:当甲选择投入时,乙的最优选择是投入,所以在10下面划一横;当甲选择不投入时,乙的最优选择是不投入,所以在9下面划一横。我们可以看出,在这个博弈过程中,只要甲选择了一个策略,乙就不会改变自己的选择;同样,只要乙选择了一个策略,甲也不会改变自己的选择。可以看出博弈中的(7,10)和(8,9)这两种策略组合都是纳什均衡。由此可见,占优策略均衡是比纳什均衡更强的博弈均衡概念。占优策略均衡要求任何一个参与者不管对方策略如何,其最优策略都是唯一的。所以占优策略均衡一定是纳什均衡,而纳什均衡不一定就是占优策略均衡。

【课后练习】

一、名词解释
完全竞争市场 垄断竞争市场 寡头 垄断 自然垄断 占优策略均衡 纳什均衡

二、简答题
1. 试分析在短期生产中追求利润最大化的厂商一般会面临哪几种情况?
2. "当厂商的固定成本亏损很大的时候,厂商一定会关门",你同意这种说法吗?说明原因。

三、计算题
1. 已知某完全竞争行业中的单个厂商的短期成本函数为 $STC = 0.1Q^3 - 2Q^2 + 15Q + 10$。试求:

(1) 当市场上产品的价格为 $P = 55$ 时,厂商的短期均衡产量和利润;

(2) 当市场价格下降为多少时,厂商必须停产?

(3) 厂商的短期供给函数。

2. 某完全竞争厂商的短期边际成本函数 $SMC = 0.6Q - 10$,总收益函数 $TR = 38Q$,且已知产量 $Q = 20$ 时的总成本 $STC = 260$。求该厂商利润最大时的产量和利润。

四、实践项目
在市场经济体制下,市场主体企业在多大程度上可以控制价格水平,受制于所处的市场结构类型。在垄断市场中,销售者可以决定商品销售价格。而在某些市场上,销售者只能"随行就市",做一个市场价格的接受者。一般来说,从一个较长时期来讲,竞争程度具有削弱企业控制市场价格能力的作用。因而,扶持竞争是使价格机制正常运行的重要前提。请结合市场结构理论知识,收集企业定价策略方面的资料,分析各种不同的市场组织条件下企业应该如何选择定价的策略和方法。

实践步骤:
(1) 确定几个不同市场结构中具有典型代表性的企业;
(2) 分析这些企业所采取的不同的定价策略,并对生产产生的影响;
(3) 整理资料,得出分析报告。

第七章 生产要素理论

前面各章讨论的是产品市场中价格的决定,但是"巧妇难为无米之炊"。生产要素是生产产品的前提条件,所以本章讨论生产要素市场上生产要素的价格决定和局部均衡问题。由于生产要素的价格决定影响生产要素所有者取得收入,因此,生产要素价格决定理论也被称为收入分配理论。

第一节 生产要素的需求方面

一、什么是生产要素

要进行生产活动,就要投入各种经济资源。为进行生产和服务活动而投入的各种经济资源叫做生产要素。生产要素通常包括以下四种:

1. 劳动

人类在生产活动中所付出的体力或智力的活动,是所有生产要素中最能动的因素(有的教材又称为人力资本)。

2. 资本

人类生产出来又用于生产中的经济货物,包括机器、厂房、工具等生产资料。从企业的角度看,既包括有形的资产,也包括无形资产,如商标、信誉和专利权等。

3. 土地

土地是广泛的概念,包括土地、河流、森林、矿藏、野生生物等一切的自然资源,它们得自于大自然的恩赐,是最稀缺的经济资源。

4. 企业家才能

企业家综合运用其他生产要素进行生产、革新、从事企业组织和经营管理的能力,以及创新和冒险精神。

厂商对生产要素的需求是一种派生的需求(或称引致需求)。厂商之所以需要生产要素是为了用它生产出各种产品,实现利润最大化。

我们以最简单的完全竞争市场为例来说明完全竞争厂商对要素的需求。为了说明完全竞争厂商使用要素的原则,这里假定:完全竞争厂商只使用一种生产要素,生产单一产品、追求最大限度的利润。在这些假定之下,完全竞争厂商须遵循 $MR=MC$ 原则。只不过在这一章中,MR 与 MC 的含义有所不同,且名称也有所不同:MR 为使用要素的"边际收益";MC 为使用要素的"边际成本"。

二、完全竞争厂商使用要素的原则

1. 使用要素的"边际收益"——边际产品价值

在讨论产品市场时,我们提出收益是产量的函数,并给出了一个公式

$$TR(Q) = P \cdot Q$$

现在把讨论从产品市场转入要素市场。在要素市场,产量 Q 本身又是生产要素的函数。设完全竞争厂商使用的生产要素为 L,则有以下函数关系存在:$Q = Q(L)$

则总收益函数可以表示为 $TR(L) = P \cdot Q(L)$

两边对 L 求导,得

$$TR'(L) = P \cdot Q'(L) = P \cdot \frac{\mathrm{d}Q(L)}{\mathrm{d}(L)} = P \cdot MP_L$$

式中,MP_L 为要素的边际产量,P 为既定产品的价格,$P \cdot MP_L$ 就是完全竞争厂商使用要素的"边际收益"。为了与前面的产品的边际收益概念相区别,我们将完全竞争厂商使用要素的"边际收益"给出新的名称,叫做边际产品价值,并用 VMP 表示,于是有

$$VMP = P \cdot MP_L$$

它表示在完全竞争条件下,厂商每增加一个单位要素所增加的收益。要注意 MR 与 VMP 的区别:MR 通常是对劳动产品而言,称之为产品的边际收益,VMP 通常是对生产要素而言,故称之为要素的边际产品价值。对于完全竞争厂商而言,是否增加生产要素的投入主要取决于边际生产要素的价值是否大于使用要素的边际生产成本。

2. 使用要素的"边际成本"——要素价格

在讨论产品市场时,我们提出成本是产量的函数,并给出了一个公式:

$$C = C(Q)$$

在生产要素市场,产量本身又是生产要素的函数。故成本可以直接表示为生产要素的函数。设完全竞争厂商使用的生产要素为劳动要素 L,所使用的劳动要素的价格即工资为 W,则有以下函数关系存在:

$$C = W \cdot L$$

式中,C、L 分别为因变量与自变量,根据完全竞争厂商的假定,厂商在生产要素市场也是完全竞争厂商,也不能左右价格,故 W 为常量。两边对 L 求导,得

$$C'(L) = W$$

它表示完全竞争厂商增加使用一单位生产要素所增加的成本。

则完全竞争厂商使用生产要素的原则为使用要素的边际收益=使用要素的边际成本

亦即:$VMP = W$ 或者 $P \cdot MP = W$

3. 完全竞争厂商的要素需求曲线

完全竞争厂商对要素的需求曲线可以从 $P \cdot MP_L = W$ 中推导出来。当 W 上升时,要使 $P \cdot MP_L$ 的值也上升,根据边际生产力递减规律,只有使 L 的使用量减少,于是得出 W 与 L

呈反方向变化,可用图 7-1 说明。

劳动价格是 W_1,厂商对其需求量是 L_1,以实现利润最大化;劳动价格下降到 W_2,$VMP_L = W_2$,增加要素使用,收益大于成本,对劳动的需求将增加到 L_2;劳动价格下降到 W_3,对劳动的需求提高到 L_3。将所选的点连起来,就是完全竞争厂商对生产要素的需求曲线。

根据 $VMP_L = W$ 原则,劳动者的工资是随着劳动的边际产品价值的增减而增减。当劳动的边际产品价值上升时,W 必然增加;反之,则必然减少。

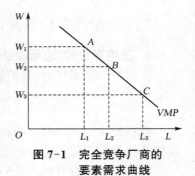

图 7-1 完全竞争厂商的要素需求曲线

第二节 生产要素的供给方面

一、要素供给原则

要素所有者有两种:一种是作为生产者的中间要素所有者;另一种是作为消费者的原始要素所有者。所有者不同,其市场供给的行为目标也不同。这里主要给大家介绍原始要素所有者的供给情况。

原始要素在一定时间内是有限的,原始要素供给实际上是原始要素供给者在一定的要素价格水平下,将其全部既定资源在"要素供给"和"保留自用"两种用途上进行分配以获得最大效用。或者说,"要素供给"是指你的精力是给老板使用的;"保留自用"是指你的精力是留给自己使用的。

作为"要素供给"的资源的边际效用要与作为"保留自用"的资源的边际效用相等。当两者不相等时,要从边际效用小的部分转移一部分要素到边际效用大的要素用途中去,这样才能使生产要素供给的总效用最大。例如,给老板打工的总体收获如果要比自己自由闲暇的总体收获大时,则会尽力挤出时间去打工;反之,给老板打工的总体收获如果要比自己自由闲暇的总体收获小时,则不会去打工,而是会充分地享受自由闲暇的美好时光。

1. 要素供给的边际效用

要素供给的边际效用是要素供给的边际收入与收入的边际效用的乘积,即

$$\frac{dU}{dL} = \frac{dU}{dY} \cdot \frac{dY}{dL}$$

以完全竞争市场的单个要素供给者为例。在完全竞争的市场上,单一的要素供给者不能确定、只能接受要素供给价格,它所面临的要素需求曲线是一条水平线。于是,要素的边际收入等于要素的价格,即 $\frac{dY}{dL} = W_L$,于是有 $\frac{dU}{dL} = W_L \cdot \frac{dU}{dY}$,这便是完全竞争条件下消费者要素供给的边际效用公式。

2. 自用资源的边际效用

自用资源既可以带来间接效用(干家务),也可以带来直接效用(休息、闲暇)。我们这里只假定自用资源的效用是直接的,即不考虑干家务这类现象。若用 l 表示自用资源数量,在此假

定下,自用资源的边际效用可以表示为 $\dfrac{dY}{dl}$。

3. 要素供给原则

借助于上面指出的要素供给的间接效用和自用资源的直接效用概念,可以将效用最大化条件表示为:

$$\frac{dU}{dl} = W_L \cdot \frac{dU}{dY}$$

对要素供给的分析要比产品供给分析复杂得多。生产要素种类各种各样,不同种类的生产要素有自身的特点。一般来说,生产要素分三种类型:第一类,自然资源,在经济分析中假定这类资源的供给是固定的。第二类是资本品,和其他产品一样受价格的变动而变动,供给线向右上方倾斜。第三类是劳动,劳动的供给有自身的特殊性,和一般的产品有很大的区别,下面我们会详细介绍。

二、劳动的供给曲线与工资的决定

1. 单个劳动者的劳动供给曲线

劳动的供给数量主要取决于劳动的成本。劳动的成本主要体现在两个方面:一是实际成本,即维持劳动者及其家庭生活必需的生活资料的费用,劳动者的培养和培训费用等;二是心理成本,劳动者工作而放弃的闲暇时间,劳动带来的心理负担。

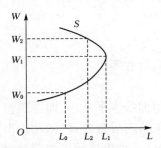

图 7-2 单个劳动者向后弯曲的劳动供给曲线

单个劳动者的劳动供给有自身的规律。图7-2给我们展示了劳动供给曲线与一般的供给曲线的不同,即它有一段"向后弯曲"的部分。当工资较低时,随着工资的逐步上升,逐步增加劳动供给量。但是,当工资涨到一定程度后,劳动的供给量不但不会逐步增加,反而会逐步减少。

当劳动者的相对工资达到一定高度时,因为休闲的机会成本非常高昂,人们会几乎疯狂工作;当劳动者的相对工资又继续提高时,劳动的边际效用会迅速递减,休闲的边际效用会迅速提升,此时,人们的劳动供给量不但不会增加,反而会减少。所有这一切,用一般语言来说就是:当工资的提高使人们富足到一定的程度后,人们会更加珍视闲暇。

[案例] 7-1

2015年性别差距报告：全球女性薪酬水平落后男性十年

世界经济论坛发布的《2015年全球性别差距报告》显示，2015年全球女性薪酬仅相当于男性十年前的水平。公开资料显示，世界经济论坛是一个非官方的国际组织，总部设在瑞士日内瓦。其前身是"欧洲管理论坛"，也被称为"达沃斯论坛"。

据了解，今年这份报告涵盖全球145个国家，对这些国家在健康、教育、经济和政治等指标的男女性别差距进行评估。

单从经济方面看，过去十年，全球虽有2.5亿新增女性人口进入劳动力市场，但女性参与经济机会仍然低于男性，且差距没有缩小。特别是在"同工同酬"和"劳动力参与"两项上的差距，自2009年以来一直没有改善。目前2015年的女性薪酬水平仅相当于十年前的男性所得。报告称，按这种趋势，若要全面消除男女经济差距需要等118年。

北欧国家依然是世界上性别最平等的国家。而由于薪酬差距扩大和部级领导人员的变动，美国（第28位）排名比去年下滑八位。中国则因为出生性别比率进一步下降，致总分和排名都有小幅下滑，排名下滑四位至第91位。

（资料来源：http://money.163.com/15/1120/08/B8RPFM8A00253B0H.html）

[思 考]

为什么现实中不同性别的工资存在很大差异？除了市场中的供求因素，还有什么因素？

2. 劳动市场的供给曲线

将所有单个消费者的劳动供给曲线水平相加，即得到整个市场的劳动供给曲线。尽管许多单个消费者的劳动供给曲线可能会向后弯曲，但劳动的市场供给曲线却不一定如此。因为在较高的工资水平上，现有工人也许不肯提供较多的劳动，但高工资会吸引新的工人进来，因而总的市场劳动供给曲线仍然是向右上方倾斜的。

3. 劳动的市场均衡工资的决定

将图7-3向右下方倾斜的劳动需求曲线和向右上方倾斜的劳动供给曲线综合起来，即可决定均衡工资水平。然而，最低工资法的推行、工会组织的强有力的活动、计件工资制的推进常常会刺激部分工人劳动的供给的增加，使得部分工人的工资高于均衡工资水平之上，劳动供给曲线会发生移动，从而劳动市场的均衡会被打破。

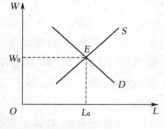

图7-3 均衡工资的决定

三、土地的供给与地租的决定

土地泛指生产中使用的自然资源。土地作为一种自然资源具有数量有限、位置不变，以及不能再生的特点。这些特点与劳动不同，因此，地租的决定有自己的特点。

1. 地租的决定

地租由土地的需求和供给决定。土地的需求取决于土地的边际生产力,土地的边际生产力是递减的,所以土地的需求曲线是一条向右下方倾斜的曲线。但是土地的供给是固定的,因为每个地区可以利用的土地总有一定的限度,这样土地的供给曲线就是一条与横轴垂直的线。如图7-4所示,横轴表示土地数量,纵轴表示土地价格。垂直线S表示土地的供给量是固定的为Q_0,D为土地的需求曲线,D和S相交在E点。决定了地租为R_0。

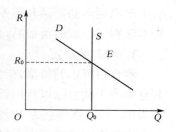

图7-4 土地的需求和供给

随着经济的发展,城市化进程的加快,对土地的需求不断增加,而土地的总供给不能随之增加,这样城市的地租就有不断上升的趋势。

2. 租金、准租金和经济租金

在对地租的分析中,有几个关于地租的经济概念需要区分:租金、准租金和经济租金。

(1) 租金

租金指供给同样固定不变的一般资源的服务价格。如前所述,土地的供给曲线是固定不变的,由于需求的增加,土地所有者可以得到的收入叫做地租。我们看到,地租提高,土地的供给量也不会提高;地租降低,土地的供给量也不会减少。在经济中还存在着其他的一些要素,比如某些人的天赋才能,它们的供给数量也是不变的,不受价格涨落的影响,这些要素所得到的价格,我们统称为租金。可以看出,土地是一种特有的资源,所以地租只是租金的一个特例,是租金的一种,而租金是一般化的地租。

(2) 准租金

准租金指对任何供给量暂时固定的(短期内相对固定)生产要素的支付。准租金是由英国经济学家马歇尔提出的。在现实中,有些要素在短期内是不变的,在长期中可变,这类要素所获得的收入,就叫做准租金。比如厂商投资建设的厂房、机器等物品,在短期内即使厂商不能盈利,他也无法把它们从现有的用途中转移到收益较高的领域,反过来,即使厂商盈利很多,他也无法迅速增加这些物品的供给。因此,这些资本品在短期内供给是不变的,但在长期内却是可变的。

(3) 经济租金

经济租金可以定义为生产要素所得到的收入超过其在其他场所可能得到的收入部分。可以理解为要素的当前收入超过其机会成本的部分,简言之,经济租金等于要素收入减去机会成本。这部分租金有些类似于消费者剩余。

例如,某公司招聘广告上打出需要招聘一批高素质人才:海归、博士、软件工程专业、月薪1万元。某个人有部分条件不满足招聘条件,但是在应聘过程中表现出色,脱颖而出,最后被雇佣,从而获得的月薪远远超过他心理的预期7 000元,其中多出的3 000元就是经济租金。

四、资本的供给与利息的决定

我们这里讨论的资本与现实生活中讨论的资本含义不同。日常生活中的资本常常被看作为一个包罗万象的东西,这里讨论的资本其定义是:资本是由经济制度本身所生产出来的并被用作投入要素以便进一步生产更多的商品和服务的物品。因此,作为资本需具备如下特征:第一,资本是由人类的经济活动所生产;第二,它之所以被生产出来,并非为了消费,而是为了能够生产出更多的商品和劳务;第三,它在生产过程中被作为投入要素长期使用。由上述特点,资本区别于一般的消费品,也区别于土地和劳动等要素。

1. 利息的决定

利息指资本的价格,指为使用资本而支付的报酬。单位资本的价格通常用利息率表示。利息率等于利息除以货币资本。比如,货币资本为100 000元,利息一年为10 000元,则利息率为10%,或称年息为10%。这10%就是货币资本在一年内提供生产性服务的报酬。

为什么需要对资本支付利息。经济学家主要从两个方面解释。

第一,时间偏好。人们总是认为现期消费比远期消费好。也就是说现在多增加一单位消费给消费者带来的效用大于将来多消费这一单位消费所带来的边际效用。之所以出现这种情况在于未来是不确定的,难以预期的。比如,人们对两年后买房带来的效用评价肯定要小于现在买房带来的效用评价。也许他现在很需要房子,两年后不如现在需要;也许他预期房价还要上涨等。人们总是喜欢现期消费,因此放弃现期消费把货币作为资本就应该得到利息报酬。

第二,资本具有净生产力。随着生产力的发展,专业分工越来越细,生产效率越来越高。比如,原始人手无寸铁去打猎效率很低。后来人类会制造弓箭,用弓箭去打猎效率提高了。再后来随着分工的细化,人类会采矿、炼铁、造机器、制造猎枪,再用猎枪打猎效率进一步提高。而这些分工细化的前提是投入资本。所以说资本使分工细化成为可能,提高了效率。这种由于资本提高的生产效率称为资本的净生产力。资本具有净生产力是资本获得报酬的根本原因。

2. 资本的供给

资本的供给主要取决于消费者的储蓄决策。消费者对于消费和储蓄的决策实际上是一种跨时期决策,他要决定的是今年消费多少、明年消费多少,而前面所讲的消费者对土地和劳动的决策则是一种即期决策。消费者直接把收入消费掉,当然直接地就增加了他的效用;他把收入的一部分储蓄起来明年消费,可以得到一个额外的收入即利息,可以提高他的效用水平。消费者的目的是实现他的效用最大化,在这里就是要实现今年的效用和明年的效用的总和的最大化。利息率提高使消费者减少当前消费,增加储蓄,利息率降低使消费者增加当前消费,减少储蓄。我们可以由替代效应和收入效应得到解释。利率的改变相当于改变了今年消费和明年消费的相对价格,即提高利率相当于提高今年的消费价格,降低明年的消费价格。由于替代效应,消费者将减少今年消费,增加明年消费,也就是说,利率提高的替代效应使消费者增加储蓄;利率提高的收入效应则趋于使消费者增加今年消费,减少明年消费,因此储蓄减少。所以利率提高时,储蓄是增加还是减少取决于替代效应和收入效应的总效应,如果替代效应大于收入效应,储蓄将增加,如果收入效应大于替代效应,储蓄将减少。一般来讲,利息收入只占消费者收入的一个很小的比例,所以替代效应往往是大于收入效应,但是当利息率提高到一定程度的时候,收入效应就可能超过替代效应,消费者会增加消费从而使储蓄减少。

从以上论述可知,储蓄或贷款的供给曲线是一条向后弯曲的曲线,如图7-5。曲线的下半部分向右上方倾斜,是正常的供给曲线形状,而上半部分向左上方倾斜,是利率很高时收入效应大于替代效应出现的异常的供给曲线。

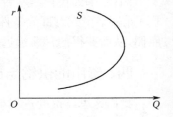

图7-5 资本的供给曲线

五、洛伦兹曲线和基尼系数

前面的要素价格决定理论是分配论的一个重要部分,但并不构成分配论的全部内容。分配论还包括收入分配的不平等程度的研究。于是引出洛伦兹曲线和基尼系数的研究。

1. 洛伦兹曲线(Lorenz Curve)

洛伦兹曲线是由美国统计学家 M. O. 洛伦兹于 1905 年提出来的,旨在用以比较和分析一个国家在不同时代,或者与不同国家在同一时代的收入和财富的平等情况。具体做法是,首先按照经济中人们的收入由低到高的顺序排队,然后统计经济中收入最低的 10% 人群的总收入在整个经济的总收入中所占的比例,再统计经济中收入最低的 20% 的人群的总收入在整个经济的总收入中所占比例,……以此类推。注意:这里的人口百分比和收入百分比在统计时都是累积百分比。将得到的人口累积百分比和收入累积百分比的对应点用平滑的曲线连接得到一条曲线,就是图中的 ODY 曲线,这条曲线就叫做洛伦兹曲线,如图 7-6 所示。

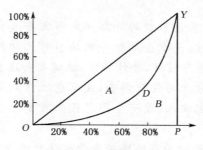

图 7-6 洛伦兹曲线

因为 OY 是 $45°$ 线,在这条线上横坐标与纵坐标相等,即经济中收入最低的 10% 的人得到社会 10% 的收入,收入最低的 20% 的人得到社会总收入的 20%,……也就是人口累积百分比等于收入累积百分比,因此 OY 表示了经济社会中每个人得到了同样的收入,因而 OY 又被叫做绝对平均线。

而折线 OPY 则表示了相反的收入分配状况,它意味着经济中极少数的人得到了社会 100% 的收入,因而这条线又叫做绝对不平均线。

一个国家的收入分配状况既非绝对平均,又非绝对不平均,因而实际的洛伦兹曲线位于绝对平均线与绝对不平均线之间。洛伦兹曲线将 OYP 三角形分成了两部分,一部分为 A,另一部分为 B。显然 A 的面积越小,洛伦兹曲线与绝对平均线越接近,说明收入分配越平等,A 的面积越大,即洛伦兹曲线弯曲的弧度越大,它与绝对不平均线越接近,它所代表的收入分配就越不平等。

2. 基尼系数

基尼系数(Gini Coefficient)为意大利经济学家基尼(Corrado Gini,1884—1965)于 1922 年提出的,定量测算收入分配差异程度。

在洛伦兹曲线中,面积 A 部分称为"不平等面积";面积 $A+B$ 部分称为"完全不平等面积"。不平等面积与完全不平等面积之比,称为基尼系数,是衡量一个国家贫富差距的标准。基尼系数最小等于 0,表示收入分配绝对平均;最大等于 1,表示收入分配绝对不平均;实际的基尼系数介于 0 和 1 之间。一般认为:基尼系数小于 0.2 为高度平均,大于 0.6 为高度不平均,国际上通常将 0.4 作为警戒线。

将基尼系数 0.4 作为监控贫富差距的警戒线,应该说,是对许多国家实践经验的一种抽象与概括,具有一定的普遍意义。但是,各国国情千差万别,居民的承受能力及社会价值观念都不尽相同,所以这种数量界限只能用作各国宏观调控的参照系,而不能成为禁锢和教条。

【案例】 7-2

中国官方首次公布 2003 至 2012 年基尼系数

中新网 1 月 18 日电 国务院新闻办公室今日举行新闻发布会,国家统计局局长马建堂介绍 2012 年国民经济运行情况。马建堂表示,中国全国居民收入的基尼系数,2012 年中国的基尼系数为 0.474,2008 年基尼系数曾达到 0.491,此后逐步回落。这说明我国加快收入分配改革、缩小收入差距的紧迫性。

马建堂表示,全国居民的基尼系数的计算和发布需要城乡住户调查从城乡分开的、城乡收入概念不一致的调查制度,走向全国统一的城乡可比的住户调查制度。也就是说,基尼系数反映全国居民的收入差异情况,要计算它,就需要知道全国居民的收入是多少,分等份的收入是多少。过去城乡分开的住户调查,大家也注意到了,只分城乡的农村居民人均纯收入和城镇居民人均可支配收入,没有全国居民的可支配收入,没有可比的同样指标的城乡居民的收入。

经过近两年的准备,统计局对原有的城乡分开的住户调查制度进行了重大改革,从去年 12 月 1 日开始,全国 40 万户居民已经按照全国统一的城乡可比的统计标准、指标体系进行记账。根据这个新的全国统一城乡可比的统计标准分类口径,我们对历史的分城乡的老口径的住户基础资料,特别是收入资料,进行了整理、计算,然后得出 2003 年到 2011 年全国居民基尼系数。

马建堂介绍称,中国全国居民收入的基尼系数,2003 年是 0.479,2004 年是 0.473,2005 年 0.485,2006 年 0.487,2007 年 0.484,2008 年 0.491。然后逐步回落,2009 年 0.490,2010 年 0.481,2011 年 0.477,2012 年 0.474。

据悉,马建堂分析称,第一,这些数据、这个曲线说明了我们国家加快收入分配改革、缩小收入差距的紧迫性。因为 0.47 到 0.49 之间的基尼系数不算低。第二,说明了从 2008 年金融危机以后,随着我国各级政府采取了惠民生的若干强有力的措施,中国的基尼系数从 2008 年最高的 0.491 逐步地有所回落。

下一步,我们还是要立足中国的基本国情。中国的基本国情就是社会主义初级阶段、发展中国家,立足于这个基本国情,正确处理市场与效率、发展与分配的关系,一手抓科学发展,把我们的蛋糕做得更大,另一手狠抓收入分配,把我们的蛋糕分得更好,从而使我们在全面建成小康社会的时候,不只是我们居民人均收入和 GDP 翻了一番,而且我们的分配要分得更好,中低收入居民的收入力争要增加得更多一些。

(资料来源:http://news.163.com/13/0118/11/8LGH1BBF00014JB6.html)

【课后练习】

一、名词解释
要素市场　　工资　　利息　　地租　　利润　　洛伦兹曲线　　基尼系数　　准租金　　经济租金

二、简答题
1. 试述完全竞争厂商的要素使用原则。
2. 完全竞争厂商的要素使用原则与利润最大化产量原则有何关系。

三、计算题
1. 设一厂商使用的可变要素为劳动 L，其生产函数为：

$$Q = -0.01L^3 + L^2 + 38L$$

其中，Q 为每日产量，L 是每日投入的劳动小时数，所有市场(劳动市场及产品市场)都是完全竞争的，单位产品价格为 0.10 美元，小时工资为 5 美元，厂商要求利润最大化。问厂商每天要雇用多少小时劳动？

2. 某完全竞争厂商雇用一个劳动日的价格为 10 元，其生产情况如下表所示。当产品价格为 5 元时，他应雇用多少个劳动日？

劳动日数	3	4	5	6	7	8
产出数量	6	11	15	18	20	21

四、实践项目
中国的市场化改革取得了很大的成绩，产品市场已经有比较充分的发展，市场定价和市场竞争也有了长足的发展。但是我国的要素市场发育得比较差。不论是金融市场，还是土地市场以及劳动力市场，基本上仍然处于政府掌控状态下，是典型的政府主导型经济。具体说就是国企掌握资金要素、地方政府掌握了土地要素、外企民企掌握劳动力要素。劳动力要素价格低廉，造成很大的资源浪费，也严重扭曲了市场秩序。请大家课后搜集相关资料写一篇小论文，论述我国应该如何构造要素市场的规则体系，推进要素市场市场化进程。

具体要求：
(1) 选题：科学拟定论文题目；
(2) 全面搜集相关论文和数据；
(3) 合理布局，准确提炼论文大纲；
(4) 合理安排论文内容和结构。

第八章
一般均衡理论与市场失灵

前面我们讨论的是在其他条件不变的情况下,单个消费者和生产者的行为,分析了单个商品市场和单个要素市场的局部均衡问题。事实上,单个经济主体之间的行为决策是相互影响、相互依存的。有鉴于此,本章作为微观经济学的总结,将从经济运行的整体角度出发考虑资源配置和市场的一般均衡。但是市场不是万能的,市场机制在配置资源过程中也会出现失灵,即市场失灵。

第一节 一般均衡与帕累托最优

一、一般均衡

前面几章我们所讨论的问题都是局部均衡的问题,例如,商品市场的局部均衡,生产要素市场的局部均衡问题等。而且,我们在讨论商品市场或者生产要素市场的局部均衡问题中,有两个假定:一是假定商品市场或者要素市场是相互独立的;二是在一个独立的商品市场或者要素市场中假定其他条件不变,只讨论某一种商品或某一种生产要素价格的决定过程。例如消费者行为理论讨论的是单个消费者效用最大化的均衡;厂商生产理论中讨论的是单个厂商利润最大化的均衡,而没有涉及单个消费者或单个生产者行为对其他消费者与生产者的影响,或者其他消费者或生产者行为对所讨论的消费者或生产者的影响。

但是事实上,商品市场或者要素市场不是相互独立的。一种商品的价格不仅仅决定于这一商品本身的供求。例如 A 产品价格上升会引起其替代商品 B 与互补商品 C 的需求发生变化;而 B、C 的需求变化又反过来影响 A 商品的价格变化;比如,牛肉价格上升会引起猪肉需求发生变化,会引起孜然需求发生变化;就生产要素市场而言,A 要素价格上升会引起其互替要素 B 与互补要素 C 的需求曲线及其价格发生变化;而 B、C 的需求变化又反过来影响 A 要素的价格变化;又如,电的价格提高后,会引起所有以电为动力所生产的商品价格的提高,比如引起煤的价格的提高,煤的价格的提高引起化肥价格的提高,化肥价格的提高引起农产品价格的提高,农产品价格的提高引起食品价格的提高,食品价格的提高引起工人生活费用的提高,进而引起工人工资的提高,因工人工资提高而造成的商品生产成本的提高又会引起商品价格的提高,……调整会不断进行下去,直至达到新的均衡。

对于市场问题的深入研究,要求我们要将所有相互联系的各个市场看成一个整体来加以研究,即要进一步将局部均衡分析发展为一般均衡分析。

首先,我们来看一个简化的经济,它包括四个市场:钢铁市场、汽车市场、汽油市场、劳动市场,见图 8-1。在刚开始时,四个市场都处于均衡状态,四个市场的供给曲线在图中表示为

S_A、S_B、S_C、S_D，四个市场的需求曲线分别为 D_A、D_B、D_C、D_D，前三个市场的均衡产量分别为 Q_A、Q_B、Q_C，劳动市场的均衡劳动使用量为 L_D，四个市场的均衡价格分别为 P_A、P_B、P_C、W_D。

现在假设由于某种原因，比如铁矿石的价格上涨，使得钢铁的供给减少，即供给曲线向左移动，见图8-1(a)。供给的减少将导致钢铁市场的均衡价格上升为 P_{A1}，均衡产量将下降为 Q_{A1}。但事情远未到此完结，由于钢铁是汽车工业的原材料，钢铁价格的上涨会直接导致汽车工业的成本上升，这样汽车的供给也将减少，供给曲线向左移动，从而汽车的均衡价格将上升至 P_{B1}，均衡产量将下降至 Q_{B1}，见图8-1(b)。由于汽车和汽油是互补品，汽车市场的变动将会导致汽油市场的变动，

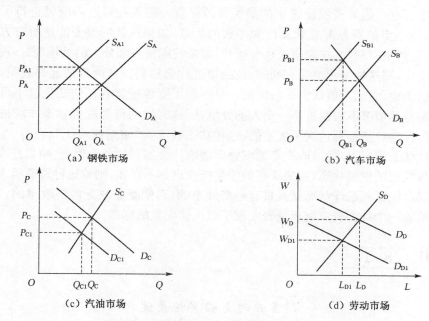

图8-1 各个市场之间的相互联系

从图8-1(c)可以看出，由于汽车的需求量下降，汽油的需求将下降，需求曲线向左移动，从而汽油的均衡价格下降至 P_{C1}，均衡产量将下降至 Q_{C1}。由于钢铁、汽车、汽油等行业的产量都是下降的，在技术水平和其他因素不变的前提下，这就会导致市场对劳动等要素需求的下降，从而影响到要素市场，见图8-1(d)。由于市场对劳动需求的下降，需求曲线向左移动，结果均衡的工资水平就由 W_D 下降到 W_{D1}，均衡的劳动供给量也由 L_D 下降到 L_{D1}。

可以预测，要素市场的变化还会反过来影响到产品市场。由于劳动的工资水平下降，厂商的生产成本将下降，从而钢铁、汽车、汽油等产品的供给还会有一定的上升，均衡价格还会有所下降，均衡产量还会有一定上升。可以看出，一个市场发生的变动，会引起其他市场一系列的变动，而其他市场的变动，又会反过来导致最初发生变动的市场再次发生变动。这种市场之间的相互作用，叫做反馈效应。

因此，在本章所进行的分析中，每一商品的需求和供给不仅取决于该商品本身的价格，而且也取决于所有其他商品（如替代品和补充品）的价格。每一商品的价格都不能单独地决定，而必须和其他商品价格联合着决定，即取决于一组价格。

在局部均衡分析中，我们假定某种商品的供求都只取决于该商品本身的价格而与其他商

品的价格无关,而且也可以找到这样一个价格,对于这一价格,供求双方都表示认可,从而形成局部均衡。对于一般市场来说,是否也存在这样一组价格,对于这样一组价格,市场供求双方也均表示认可,从而形成一般市场的供求均衡呢?当整个经济的价格体系恰好使所有的商品都供求相等时,市场就达到了一般均衡。我们要努力解决的问题就是:是否存在这样一个均衡价格体系?

二、帕累托最优状态

在研究资源配置问题时,我们首先遇到的一个问题是:如何判断各种不同的资源配置的优劣?如何确定所有可能的资源配置中的最优资源配置?帕累托对这一问题进行了可贵的探索。他认为,以一定的资源配置状态作为考察的起点,如果现状的改变能使所有人的处境改进,那这种改变就是有利的,它能增进社会福利;如果它能使一部分人的处境变好,同时没有人因此而处境变坏,则这种变化也是有利的,也能增进社会福利。这两种情况都表明,资源的配置还有改进的余地,它们不能认为是最优的。只有到了资源配置的任何变化已不可能在不损害任何一人利益的情况下去改进某一个人的处境,则这时候的资源配置状态才能被认为是最优的,这时候,社会经济福利达到了极大值,这种状态被称为"帕累托最优"状态。在还没有达到帕累托最优状态情况下,通过改变资源配置而增进社会福利的办法称为"帕累托改进"。

对于某种既定的资源状态,如果所有的帕累托改进都不存在,则称这种资源状态为帕累托最优状态。满足帕累托最优状态就是具有经济效率的,否则就是缺乏经济效率的。帕累托最优状态就是检验一个社会资源配置是否实现了最优化配置的标准。

【案 例】 8-1

门当户对与帕累托最优

中国人自古讲究门当户对,无论是旧时"父母之命,媒妁之言",还是当今追求个性独立自由的恋爱,门当户对一直是人们择偶的标准。最近,某网站就"门当户对"在网上调查发现,86%的人认同门当户对。那么,门当户对彰显出怎样的理念,为什么会成为人们延续几千年择偶的不变的定律呢?

在经济学家的眼里,门当户对是一种最优的选择。门当户对不仅合情合理,而且科学高效。

首先,门当户对可以有效地减少婚姻市场上的信息不对称,降低寻觅成本。从人类婚姻历史的演变过程来看,男女双方的信息不对称是制约婚姻市场上的一个重要因素。在封建社会里,婚姻的缔结主要依靠的是"父母之命,媒妁之言"。媒人是穿梭于男女之间唯一的中间人,男女之间的信息沟通主要是凭借媒人之口获悉的,这就难免影响双方信息的真实性,因此常常会引发出巨大的风险。

在现代社会里,虽然男女交往的限制取消了,交往的范围也扩大了,但是受交往成本的限制,男女双方进行大范围内的"海选"也是不可行,信息不对称的因素依然存在。而通过门当户对制定可选择的标准,无疑是降低寻觅成本的有效途径。寻找家庭经济条件和社会地位对等的人结亲,可以有效地推断个人信息的真实性。比如,寻找与自己家庭背景、学历教育相仿相近的人，生活环境大致相同，他们之间的共同点也会多一些，不失为降低风险的一个有效办法。

其次，门当户对可以实现强强联合，使双方的资源实现有效配置。两个都拥有较高生活质量的人结合，两人帕累托改进的可能性极大，就越能实现个人效用的最大化；而与境况稍差的人结合的话，则可能导致个人效用的减少。

做一个简单的模型：假设某男婚前的生活质量用 X 表示，某女婚前的生活质量用 Y 表示，婚后一起生活，婚姻带来的共同所得为一个常量 m，他们共同拥有双方的资源，婚后的每人所得分别是 $(X+Y+m)/2$。

A. 如果是一对门不当户不对的人，就是说 X、Y 相差很大。假设 $X=3$，$Y=9$，则婚后的各人所得为 $(3+9+m)/2$。

当 $m<6$ 时，婚后各人所得小于 9。此时 Y 的状况变糟了，她对婚姻是不满意的。

当 $m=6$ 时，婚后各人所得等于 9。此时 X 得到帕累托改进，Y 不变，此时，Y 对婚姻不是很积极。

当 $m>6$ 时，婚后各人所得大于 9。此时 X、Y 都得到帕累托改进，皆大欢喜。

所以，两人的婚后所得至少要达到 6，才能维持稳定的婚姻。

B. 如果是一对门当户对的人，假设 $X=Y$，那么，只要 $m>0$，两者都能得到帕累托改进。

在这个模型中，m 是最有意思的一个常量，它的大小取决于负向搭配的成功与否。本来一加一只能等于二，但有了这个 m，人类才前仆后继、心甘情愿地跳入婚姻的围城。

如果两个都拥有较高生活质量的人结合，那么两人帕累托改进的可能性极大，就越能实现个人效用的最大化；而与境况稍差的人结合的话，则可能导致个人效用的减少。因此，从整体上看，门当户对的选择是较符合逻辑的。

不难看出，门当户对的人更易从婚姻中得到满足。这些例子在中国其实有很多，比如冰心和吴文藻夫妇，沈从文和张兆和夫妇，钱学森和蒋英夫妇，袁家骝和吴健雄夫妇等等，都是相知相守了一生，幸福甜蜜得让人只羡鸳鸯不羡仙。如此，则曾经被我们看来过时与老套的"门当户对"的观念，自有其曾经存在的合理性。

第二节 市场失灵

市场经济在一系列理想化假定条件下，可以导致整个经济达到一般均衡，导致资源配置的最优化。但是，由于假定的条件在现实上并不完全具备，因此，帕累托最优状态通常不能实现。本章将分别论述市场失灵的四种情况，即垄断的存在、非对称信息、外部性和公共产品。

一、垄断会导致低效率

我们以图 8-2 为例来说明垄断带来的低效率。垄断厂商要实现利润最大化，应该满足 $MR=MC$，此时利润最大化的产量为 Q_m，价格为 P_m。但是此时并没有达到帕累托最优状态，还存在帕累托改进的余地。如果让垄断厂商再多生产一单位产量，让消费者以低于垄断价格但大于边际成本的某种价格购买该单位产量，则垄断厂商和消费者都从中得到了好处：垄断厂商的利润进一步提高，因为它最后一单位产量给它带来的收益大于它支出的成本；消费者的福利进一步提高，因为它实际对最后一单位产量的支付低于它本来愿意支付的价格。

但事实上，一是垄断厂商与消费者之间很难达成一致意见。消费者认为厂商达到正常利润就可以了;厂商认为我能有经济利润,为什么不取？二是消费者相互之间均难以达成相互满意的一致意见。消费者的收入水平、价值观念均不相同,很难达成一致意见。三是消费者之间即使达成了一致意见,真正要出钱的时候,最后还有可能不负担支付一揽子支付而享受低价格好处而成为免费搭车者,因而均衡产量不是发生在帕累托最优状态 Q^* 上。

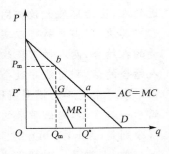

图 8-2 垄断与低效率

垄断尽管会造成低效率,但这种低效率的经济损失从数量上来说却相对很小。然而,从 20 世纪 60 年代后期以来,西方一些经济学家开始认识到,上述传统的垄断理论可能大大低估了垄断的经济损失。这是因为,为了获得和维持垄断地位从而享受垄断的好处,厂商常常需要付出一定的代价。例如,为了维持在某一行业的垄断地位或者争取在某一行业的垄断地位,往往会向政府官员行贿,或者雇用律师向政府官员游说,等等。这种为获得和维持垄断地位而付出的代价完全是一种"非生产性的寻利活动"。这种"非生产性的寻利活动"被概括为所谓的"寻租"活动:为获得和维持垄断地位从而得到垄断利润(亦即垄断租金)的活动。

寻租活动的经济损失到底有多大呢？就单个的寻租者而言,他愿意花费在寻租活动上的代价不会超过垄断地位可能给他带来的好处;否则就不值得了。

二、外部性带来低效率

我们前面讨论的微观经济学理论都依赖于一个假定:单个生产者或者消费者的经济行为对社会上其他人的福利没有影响。但在现实经济中这个假定往往并不能够成立。现实经济中,一个人的经济活动往往会对他人产生好的或者不好的影响,我们将之称为"外部影响"。好的影响称之为外部经济,不好的影响称之为外部不经济。外部影响可以分为以下几种情况:

1. 生产的外部经济

当一个生产者采取的经济行动对他人产生了有利的影响,而自己却不能从中得到报酬时,便产生了生产的外部经济。例如,一个企业对其所雇用的工人进行培训,而这些工人可能转到其他单位去工作。该企业并不能从其他单位索回培训费用或得到其他形式的补偿。因此,该企业从培训工人中得到的私人利益就小于该活动的社会利益。

2. 消费的外部经济

当一个消费者采取的行动对他人产生了有利的影响,而自己却不能从中得到补偿时,便产生了消费的外部经济。例如,当某个人对自己的房屋和草坪进行保养时,他的隔壁邻居也从中得到了不用支付报酬的好处。此外,一个人对自己的孩子进行教育,把他们培养成更值得信赖的公民,这显然也使其隔壁邻居甚至整个社会都得到了好处。

3. 生产的外部不经济

当一个生产者采取的行动使他人付出了代价而又未给他人以补偿时,便产生了生产的外部不经济。例如,一个企业可能因为排放脏水而污染了河流,或者因为排放烟尘而污染了空气。这种行为使附近的人们和整个社会都遭到损失。再如,因生产的扩大可能造成交通拥挤及对风景的破坏,等等。

4. 消费的外部不经济

当一个消费者采取的行动使他人付出了代价而又未给他人以补偿时,便产生了消费的外部不经济。例如,吸烟者的行为危害了被动吸烟者的身体健康,但并未为此而支付任何东西。此外,还有在公共场所随意丢弃瓜皮果壳,等等。

为什么外部影响会导致资源配置的失当？一般而言,在存在外部经济的条件下,私人活动的水平常常要低于社会所要求的最优水平；而在存在外部不经济的情况下,私人活动的水平常常要高于社会所要求的最优水平。

当外部经济对外带来的好处无法得到回报则具有外部经济的物品供应不足。例如教育和新技术。从而使得物品消费或生产的收益小于应当得到的收益(社会收益)；即物品消费或生产成本大于应当支付成本(社会成本)。

相反外部不经济对外带来的危害无法进行补偿则具有外部不经济的物品供应过多。例如乱扔或乱倒垃圾。从而使得物品消费或生产收益大于应当得到的收益(社会收益)；即物品消费或生产成本小于应当支付的成本(社会成本)。

【案例】8-2

外部不经济的后果

1989年,在阿拉斯加的威廉·桑德王子岛附近,几百万加仑石油从埃克森公司的一艘油船上泄漏,造成了野生生物的大批死亡,渔场遭毁,自然环境受损。尽管埃克森公司声称花9亿多美元进行清理,但大部分损害需要好几年才能补救回来。为什么埃克森公司不建造一艘更安全一些的船,或者更为小心谨慎一些呢？

答案在于外部性:石油泄漏对埃克森公司的成本——即使是9亿美元——也可能小于由于损害环境而造成的全部成本。因为埃克森公司或者其他任何石油公司只承担成本的一部分,所以他们没有足够的动机去设计和购买对环境安全的船只,或者在其船员当中强调谨慎小心。

另一起重大灾难是1986年在乌克兰的切尔诺贝利核电站爆炸,释放的放射性物质波及几千英里之外。5年后,在瑞典一些地方饲养的驯鹿仍由于严重的放射性污染而不能食用。这是外部性存在的又一例——苏联不必为在国土以外造成的损害付出代价。

各种形式的外部影响的存在造成了一个严重后果:完全竞争条件下的资源配置将偏离帕累托最优状态！换句话说,即使假定整个经济仍然是完全竞争的,但由于存在着外部影响,整个经济的资源配置也不可能达到帕累托最优。"看不见的手"在外部影响面前失去了作用。我们可以说得更加直白一点:我个人作出了一些牺牲,大家得到不少好处,如果大家从所得到的好处中分一点给我,让我的损失得到弥补,事情好办；我个人得到一点好处,大家因此受到损失,如果我把所得到的好处分一部分给大家,让大家的损失得到弥补,事情也好说。问题是人是自私的。我为什么要将好处分给别人？我为什么要替大家作出牺牲？所以,外部影响的存在导致资源配置的失当。

三、公共物品带来低效率

社会产品分为公共产品和私人产品。公共物品是指由政府部门生产,并向社会和个人提供的一切物品和服务。如国防、警察、教育、司法、邮政、消防、基础设施等。公共产品在消费上

具有两个特点:

1. 消费的非竞争性

公共产品或劳务在消费时,不排斥、不妨碍其他人同时享用,也不会因此而减少其他人享用该种公共产品或劳务的数量与质量。且受益对象或消费者之间不存在利益冲突,加一个消费者的边际成本等于零。相比之下,私人产品或劳务则具有消费的竞争性的特性,它排斥、妨碍其他人同时享用,会减少其他人享用该种产品或劳务的数量与质量。如:不拥挤的路灯与面包,不拥挤的路灯,在其容量范围内,即使行人增加,通常也不会影响别人获得路灯照明的好处,其消费是非竞争性的。而面包在某一个消费者花钱购买了之后,他就排除了其他人享用它的可能性,他同时也减少了其他人在市场上可消费面包的数量,其消费具有竞争性。

2. 受益的非排他性

公共产品或劳务在消费过程中所产生的利益为大家所共享,而非私人专用。要将一些人排斥在受益范围之外,要么技术上不可行,要么成本太高。相比之下,私人产品或劳务则具有受益的排他性的特性,私人产品的所有者是唯一拥有享受该产品决定权的人。其排除他人享受不仅技术上可行,而且经济上也是可行的。如:政府的环保服务与私人小汽车。政府的环保服务提供的清新空气就是一个非排他性公共产品,此产品在技术上就不易排斥众多的受益者。而私人小汽车由于车主可依据产权依法独享它,因此他就可以排斥他人共同享受它,而且无论是从技术上,还是经济上他都可以轻易阻止或排除他人未经他许可随便享受它。

公共物品的上述特性决定了它的局限性。一是无法避免"搭便车"的情况,即不用购买也可消费的行为,因而造成市场失灵。例如:行人不用交费就可以在公路上行走,其感觉要比在乡间小道上行走舒适多了;商品经营户可以不向商品市场缴费而在场外占道经营,政府很难解决这一问题;二是追求个人利益最大化的成员具有强烈的逃避交费而占集体其他成员便宜的动机,这最终会造成非排他性的公共产品的无效率提供。所有的入驻专业经营户都只想占地经营而不想纳税;三是难以达成共识——都只想享受权利而不承担义务。四是不能自动解决公共产品的供求均衡问题。一个地区究竟需要多少商品市场网络,市场机制很难准确、有效地调节好。即使能够调节一点,也可能与政府扶持地方经济发展的目标不一致;也将会伴随巨大的社会资源的浪费与损失。

市场经济不能自动解决公共产品的供求均衡问题。许多由社会消费的公共产品难以通过正常的市场价格机制加以分配,所以公共部门和公共产品的生产和经营需要政府按照社会的需要适当进行直接的调节和管理。

【案 例】 8-3

排污权的买卖

2015年12月24日,南京公共资源交易中心,随着拍卖槌的落下,南京市第一笔化学需氧量拍卖名花有主。这一槌,意味着南京正式全面启动排污权交易制度,标志着南京进入排污权市场化运行的时代。排污权交易制度为南京的环境保护和生态文明建设带来了什么?

环保:有钱、有权都不能任性。

改扩建项目,必须先购买废气、废水的排污权,才可以投入生产。相较于过去,企业要新上生产线、扩大产能,只要通过环评就能直接上马,执行排污权交易制度后,多了一道关卡——买不到排污权就不能进行环评,新生产线、新项目不能开工。

排污权交易是指在一定区域内,在污染物排放总量不超过允许排放量的前提下,内部各污染源之间通过货币交换的方式相互调剂排污量,从而达到减少排污量、保护环境的目的。它主要思想就是建立合法的污染物排放权利即排污权(这种权利通常以排污许可证的形式表现),并允许这种权利像商品那样被买入和卖出,以此来进行污染物的排放控制。

在南京,排污权交易是基于全市排污总量控制和排污企业初始排污权核定制度基础之上的,主要交易四种污染物:二氧化碳、氮氧化物、氨氮和化学需氧量,前两样是废气,后两样是废水。据南京市环保局总量处介绍,从去年开始,环保部门对全市 200 家重点工业企业进行初始排污权核定。每一家企业的初始排污权核定都需要连续跟踪一段时间,废气、废水排放量除了根据企业上报的数据,更要看企业的生产量、用水用电量等。通常来说,初始排污权都是企业排污的"天花板",除非企业扩大产能,否则不可能超出初始排污权。而超出部分,就需要另外购买,即排污权交易。

根据统计,从 2015 年 12 月 24 日到 2016 年年底,南京共进行 6 次排污权交易。目前交易的程序是,由环保部门从市排污权储备库中拿出可以交易的污染物排放指标,投入公共资源交易平台,因为增加产能、投入改扩建项目需要增加废气、废水排放的企业,到平台报名,获得交易资格后,在规定的时间参加竞标,价高者得。

排污权交易制度的意义在于它可使企业为自身的利益提高治污的积极性,使污染总量控制目标真正得以实现。这样,治污就从政府的强制行为变为企业自觉的市场行为,其交易也从政府与企业行政交易变成市场的经济交易。可以说排污权交易制度不失为实行总量控制的有效手段。

(资料来源:http://news.163.com/16/1229/05/C9EA42HF000187VI.html)

四、不完全信息带来的低效率

完全竞争模型的一个重要假定是完全信息,即市场的供求双方对于所交换的商品具有充分的信息。在现实经济中,信息常常是不完全的,甚至是很不完全的。不完全信息的存在为生产者抬高价格、欺骗消费者提供了可能。不完全信息的存在有很多原因:

第一,市场本身不能够产生足够的信息并有效地配置它们。

第二,信息的完全收集不可能。一是来自于每个社会阶层供应者或需求者的巨量的供求信息是很难收集的,消费需求的易变性更使这方面的信息完全收集成为不可能;二是供求双方对于市场信息的收集能力不对称。俗话说,"买的不如卖的精",这句话反映的就是供求双方对于市场信息的收集能力不对称。

第三,信息的传递会失真。就算前面两点都能满足,从而确立了反映供求状况的计划,然而,要把这种统一计划通过行政手段,层层分解下达,最后由所有基层单位去执行,这存在着计划信息传递的失真问题及计划执行过程中的扭曲问题。

市场机制的失灵不仅表现在违反完全竞争的市场条件所造成的资源配置缺乏效率,而且表现在市场机制的运行结果上。经济运行过程中不可避免地出现波动,失业与通货膨胀时有发生;市场机制会导致收入分配差异的扩大化。

【案例】8-4

2005—2015 十年食品安全事件回顾

❖ **福喜公司使用过期肉**

2014年,上海电视台新闻记者卧底调查上海福喜食品公司,发现该公司竟存在将过期肉类原料重新加工、更改保质期等严重食品安全问题,而且其生产的麦乐鸡、肉饼等产品还被供应给了麦当劳、肯德基等下游世界著名餐饮企业。

❖ **台湾300多家品牌塑化剂超标**

2011年6月3日,国家药监局的一则通知,让公众进一步意识到了"塑化剂"的威胁。药监局的通知要求,各地暂停生产销售含"邻苯二甲酸酯"的两种保健食品,分别为协和牌灵芝孢子粉片和美中清素牌的多种氨基酸片,对市场上正在销售的这两种产品,要立即下架。

❖ **硫黄熏制"毒生姜"**

2013年5月9日,山东潍坊农户使用剧毒农药"神农丹"种植生姜,被央视焦点访谈曝光,引发全国舆论哗然。据悉,神农丹主要成分是一种叫涕灭威的剧毒农药,50毫克就可致一个50公斤重的人死亡。当地农民对神农丹的危害性都心知肚明,使用剧毒农药种出的姜,他们自己根本就不吃。而且当地生产姜本身就有两个标准。

❖ **瘦肉精事件**

2011年3月15日央视3·15特别节目曝光,双汇宣称"十八道检验、十八个放心",但猪肉却不检测"瘦肉精"。河南孟州等地添加"瘦肉精"养殖的有毒生猪,顺利卖到双汇集团旗下公司。而该公司采购部业务主管承认,他们厂的确在收购添加"瘦肉精"养殖的所谓"加精"猪。

❖ **地沟油事件**

2010年3月19日,地沟油调查负责人武汉工业学院教授何东平召开新闻发布会,建议政府相关部门加紧规范废弃油脂收集工作,再次引起了人们对食品安全的担忧。据报道,目前我国每年返回餐桌的地沟油有200万至300万吨。医学研究称地沟油中的黄曲霉素强烈致癌,毒过砒霜100倍。

❖ **皮革奶**

2005年,山东等地曝出在牛奶中添加"皮革水解蛋白"的事件,引发时任国务院副总理吴仪的重视,曾经大力整顿。2011年2月17日下午一条被广大网友热议的名为《内地"皮革奶粉"死灰复燃长期食用可致癌》的新闻报道。报道中声称,不法商家把皮革废料或动物毛发等物质加以水解提炼成"皮革水解蛋白",再将其掺入奶粉中,企图以此来提高奶里的蛋白质含量好蒙混过关。

❖ **三鹿"三聚氰胺奶粉"**

2008年6月28日,兰州市的解放军第一医院收治了首宗患"肾结石"病症的婴幼儿。家长反映,孩子从出生起,就一直食用河北石家庄三鹿集团所产的三鹿婴幼儿奶粉。7月中旬,甘肃省卫生厅接到医院婴儿泌尿结石病例报告后,随即展开调查,并报告卫生部。随后短短两个多月,该医院收治的患婴人数迅速扩大到14名。

❖ 苏丹红鸭蛋

据央视《每周质量报告》2006年11月12日报道,在北京市场上,一些打着白洋淀"红心"旗号的鸭蛋宣称是在白洋淀水边散养的鸭子吃了小鱼小虾后生下的。经过中国检验检疫科学院食品安全研究所检测,结果发现这些鸭蛋样品里含有偶氮染料苏丹红Ⅳ号,含量最高达到了0.137 mg/kg,相当于每公斤鸭蛋里面含有0.137毫克。

❖ 海鲜产品体内含有"孔雀石绿"

2005年6月5日,英国《星期日泰晤士报》报道:英国食品标准局在英国一家知名的超市连锁店出售的鲑鱼体内发现"孔雀石绿"。7月7日,国家农业部办公厅向全国各省、自治区、直辖市下发了《关于组织查处"孔雀石绿"等禁用兽药的紧急通知》,在全国范围内严查违法经营、使用"孔雀石绿"的行为。

【课后练习】

一、名词解释

一般均衡　　垄断　　外部性　　不完全信息　　公共物品　　不完全信息

二、简答题

1. 什么是市场失灵?有哪几种情况会导致市场失灵?
2. 外部影响的存在是如何干扰市场对资源的配置的?
3. 公共物品为什么不能靠市场来提供?

三、计算题

设一产品的市场需求函数为$Q=500-5P$,成本函数为$C=20Q$。试问:

(1) 若该产品为一垄断厂商生产,利润最大时的产量、价格和利润各为多少?

(2) 要达到帕累托最优,产量和价格应为多少?

(3) 社会纯福利在垄断性生产时损失了多少?

四、实践项目

(1) 2010年10月11日,在法庭上,郝劲松一口气列举了状告铁道部的十大理由。郝劲松称,2006年1月21日其购买当日从北京南站驶往石景山南的7095次列车车票一张,发现票价由以前的1.5元上涨到2元,涨幅高达33%。他后来得知,票价上涨是依据铁道部发布的《关于2006年春运部分旅客列车实行政府指导价有关事项的通知》(以下简称《春运通知》)。郝劲松认为,根据我国法律,铁道部在调整列车票价时做出的上述《春运通知》应当报国务院批准,同时应当向国务院有关部门申请召开价格听证会。而铁道部并没有按照这些规定办理,属于程序上违法。

郝劲松还诉称:春运期间,火车上严重超员,人满为患,铁路整体服务质量比平时大幅度下降。在这样的情况下,火车票价还要上涨15%~30%,这显失公平。铁道部的春运涨价行为违反了《民法通则》《合同法》《消费者权益保护法》这三部法律的公平原则。基于上述理由,郝劲松请求法院判决认定铁道部《春运通知》在程序上违法,并判令铁道部赔偿其经济损失0.5元。

(2) 2001年的1月,乔占祥要到外地办案。那是一个北方冬天少有的雪大、雾大的天气,这使已经"有车一族"的他只得放弃了开车的念头,好多年不坐火车后就这么偶然地又坐了次火车。可就在这趟车上,他发现乘客们对春运火车票涨价一事议论纷纷。乔占祥告诉记者说,当时他脑海中突然一闪念:"铁老大"说涨价就涨价,于法有何依据?于是,他一出差回来,就开始收集资料仔细研究。

果然,他这么一研究就发现了问题,他认为铁道部于2001年1月4日公布的春运火车票上浮方案,这一行政行为是违法的:

——火车票价不是市场调节价,依据《价格法》第18条、第20条规定,火车票价属于政府定价,铁道部未经国务院批准而擅自涨价是违法的。

——春节是中华民族一年中最重要的团圆节,此时票价上浮,无疑是朝数以亿计的旅客狠宰一刀,而中饱铁路私囊。

——依据《价格法》第23条规定,对火车票票价上浮应举行价格听证会,铁道部在决定上浮方案时没有此程序,其涨价行为是违法的。

——铁道部这次涨价的法律依据是国家计委关于铁路旅客列车票价实行政府指导价有关问题的批复,该批复没有法律依据,未经国务院批准,是不合法的,请求审查并撤销这一批复。

找到法律上的问题后,为形成自己权益受损的事实,乔占祥还购买了2001年1月17日2069次从石家庄到磁县的车票,2001年1月22日2069次从石家庄到邯郸的车票。第一张车票比涨价前多支出了5元票价,第二张车票比涨价前多支出了4元票价。

依据这些事实和理由,1月18日,他给铁道部传真了一份《行政复议申请书》。

根据以上案例,"围绕火车票票价应该由谁定"组织一场班级辩论赛,结合自己的知识各抒己见。

甲方:火车票票价应该遵循市场的规律,由市场来定。

乙方:火车票票价关乎民生,应该由政府指导来定。

第九章 简单国民收入决定理论

从本章开始将进入到对宏观经济学的学习,相对于微观经济学而言,宏观经济学较为抽象,研究的是宏观经济的波动与增长,具体来说,主要研究三大问题:失业、通货膨胀以及经济增长。本章重点理解国内生产总值的概念及其与国民生产总值的区别,把握国民收入核算的两种方法以及在不同部门经济情况下国民经济收入的决定,难点是理解由于乘数效应引起的国民收入变动。

第一节 国内生产总值

一、国内生产总值的定义

国内生产总值(Gross Domestic Product,GDP)是指某一既定时期(一个季度或一年)一国国内新生产出的所有最终产品和劳务的市场价值总和。对于这一定义,需要注意以下四个方面的内容:

1. GDP 是流量而非存量,通常以年度或季度为单位度量

一般而言,GDP 的计算时期为一个季度或一年,即 GDP 衡量一国在一个季度或一年中新生产出的产品和劳务的市场价值,表明 GDP 是一个流量而非存量。流量是指一定时期内发生的量,存量是指在某一时点上存在的量,例如,你在一个月内所买的书和一年的工资收入,属于流量,而书架上的书和你存在银行中的货币量属于存量。因此,GDP 是一个时间概念,只计算当年经济中新增的收入,以前年度的产出并不计入当期的 GDP。例如,某一公司花了 30 万元买了一套去年生产的机器设备,则这 30 万元不能计入今年的 GDP,因为这套机器设备已经计入去年的 GDP 了。

[想一想]

二手商品和证券交易是否计入当期 GDP?

2. GDP 按照国土原则计算

这一原则强调无论生产要素是属于本国还是外国,只要是在本国领土范围内生产的产品和劳务价值都计入 GDP。在这里需要注意与 GDP 相对应的一个概念——国民生产总值(Gross National Product,GNP)。GNP 是指一国国民所拥有的生产要素在一定时期内所生产的所有最终产品和劳务的市场价值之和,按照国民原则计算。例如中国歌手在美国举办演唱会,其创造的价值应计入美国的 GDP 和中国的 GNP,反之,美国歌手在中国举办演唱会,其创造的价值计入中国的 GDP 和美国的 GNP。

3. GDP 计算的是最终产品和劳务的价值，不包括中间产品和劳务的价值

经济中生产的大部分产品都不是最终产品，而是中间产品，即由 A 厂商生产，再供 B 厂商进一步加工使用的产品，例如，销售给汽车生产商的轮胎属于中间产品，其价值不计入当期 GDP。

为什么 GDP 不计算中间产品和劳务的价值？为了理解这一问题，我们以 M 汽车制造商为例，假设 M 汽车制造商在生产汽车过程中向固特异公司支付了 1 000 元购买轮胎，并用该轮胎装配汽车，售价 130 000 元，则计入当期 GDP 的价值是 130 000 元，而不是 131 000 元。假如将出售给 M 汽车制造商的轮胎价值和消费者购买汽车的价值都计入 GDP，则会出现重复计算的问题，从而高估 GDP 的水平。

重复计算可以通过将每个厂商生产过程中产生的增加值加总来避免，每个生产过程中的增加值是指商品离开该阶段的价值与进入该阶段价值的差额，现在以生产一加仑汽油所产生的价值为例，具体见表 9-1。

表 9-1 生产一加仑汽油过程所产生的增加值　　　　　　　　　　单位：美元

生产阶段	销售价值	增加值
石油钻探	3	3
精炼	3.9	0.9
运输	5.2	1.3
零售	6	0.8
增加值总计		6

4. GDP 按照市场价值计算

最终产品和劳务需在市场上进行交换，通过加总所有的商品和劳务市场价值来衡量一国经济的产出增幅。假设一国只生产了 100 辆汽车和 100 t 粮食，汽车的市场价格为 10 万元/辆，粮食的市场价格为 0.2 万元/t，则该国 GDP 为（100 辆×10 万元/辆）+（100 t×0.2 万元/t）=1 020 万元。由此可见，用市场价值计算 GDP 比较方便，统计便利。

但是按照市场价值计算 GDP 存在缺陷。即没有经过市场交换的经济活动不能计入 GDP，比如家庭主妇的劳动没有在市场上出售，因而无法计入 GDP，但是，保姆的劳动经过市场交换，则可以计入 GDP。

[案 例] 9-1

国内生产总值是 20 世纪最伟大的发明之一

美国经济学家萨缪尔森和诺德豪斯在《经济学》中提到：国内生产总值是 20 世纪最伟大的发明之一。与太空中的卫星能够描述整个大陆的天气状况一样，国内生产总值能够提供经济状况的完整"图像"，并且能够帮助总统、国会和联邦储备委员会判断经济是在不断通胀还是衰退，是需要不断控制还是刺激。如果缺少类似国内生产总值这一类的经济指标，政策制定者可能会陷入神秘莫测的"数字宝塔"中而毫无头绪。国内生产总值和相关数据就像指明灯一样，可以帮助政策制定者引导经济向着既定的经济目标发展。

美国前总统经济顾问委员会主席马丁·贝利曾说过,难以想象,如果没有及时的和准确的国内生产总值或国民生产总值数据,我和其他人该如何谈论美国经济和商业周期。

美国前财政部部长罗伯特·鲁宾指出:国内生产总值核算向国会和其他部门提供了美国经济健康状况的重要特征,今天,我们制定出较好的经济政策,因为国内生产总值核算帮助我们更好地了解政策的重要作用,我们应当为实现国内生产总值核算的现代化提供更多的资源,以保持我们统计基础建设跟上迅速发展的国民经济。

二、国内生产总值的计算

国内生产总值可以从生产、支出和收入三个方面来衡量,因此,GDP的计算方法有三种:生产法、支出法以及收入法,在此主要讲解后两种计算方法。

1. 支出法核算 GDP

支出法是指通过核算一定时期内整个社会购买最终产品和劳务的总支出。为了核算 GDP,我们应弄清楚购买最终产品和劳务的经济主体有哪些,经济学家将之归纳为四类:家庭、企业、政府和国外,与这四类经济主体对应的支出行为分别为:消费、投资、政府购买和净出口。下面将一一进行介绍。

消费支出(Consumption,C)是指家庭对各类最终产品和劳务的购买支出,主要包括三类:耐用消费品(使用期限一年以上),例如彩电、冰箱;非耐用消费品(使用期限一年以内),例如食品、服装等;劳务产品,如旅游、教育等。

投资支出(Investment,I)是指企业对资本品和房产的购买,主要包括固定资产投资和存货投资。固定资产投资是指企业对新厂房、新设备等耐用资本品的购买。(想一想:居民对新住房的支出属于消费支出还是投资支出?)存货投资是指企业已经生产出来但未销售的产品存量的增加或减少。我们在理解投资支出的内容时应注意两个问题:一是宏观经济学中的投资支出是指对实物资本的购买支出,不包含金融资本、土地及二手商品的购买支出,因为这些商品的购买只是产权发生转移,并没有使社会总资产增加;二是私人投资包括净投资和重置投资,净投资是总投资减去重置投资后的部分,因此,用支出法计算 GDP 时的投资支出是总投资。

政府购买支出(Government Purchases,G)是指各级政府购买商品和劳务的总支出,是政府支出的一部分,例如提供国防建设,设立法院、医院和学校、修建公路,这部分支出要计入 GDP 中。政府支出的另一部分是转移支付(TR),包括政府提供社会保障金、退伍伤残津贴、公债利息,这部分支出则不计入 GDP 中,因为这些转移只是政府向家庭或个人的现金转移,并没有产生商品和劳务的交换。

净出口(Net Exports,NX)是指出口与进口的差额,出口是指由国内生产并出售给国外的商品和劳务,进口是指从国外购买的商品和劳务。进出口反映了国外对本国商品和劳务的需求程度。将净出口计入 GDP 的原因有两点,分别从进口和出口两个层面来看:一方面,消费、投资和政府购买包括了用于国内产品和国外产品的购买支出,因为 C、I、G 包含了购买国外产品的支出——即进口,因而会高估 GDP,为了获得准确的数值,应当将进口从 GDP 中扣除;另一方面,消费、投资和政府购买未包含出售给国外的商品和劳务,因而会低估 GDP,应当将出口计入 GDP。

将上述四个方面相加,可得到宏观经济中非常重要的国民经济恒等式,即

$$Y = C + I + G + NX$$

其中，Y 代表 GDP。

表 9-2　2015 年中国总支出构成　　　　　　　　　　　单位：亿元

支出法：国内生产总值	696 594
最终消费	359 516
居民消费	264 758
农村居民	58 846
城镇居民	205 912
政府消费	94 759
资本形成总额	313 070
固定资本形成总额	301 961
存货增加	11 110
货物和服务净出口	24 007

资料来源：中国统计年鉴，2016

从表 9-2 中我们可以看到，在我国的统计实践中，支出法核算 GDP 包括最终消费、资本形成总额、货物和服务净出口三个方面，需要注意的是最终消费中包括居民消费和政府消费（政府购买支出 G），资本形成总额是指投资，包括固定资产投资和存货投资。

2. 收入法核算 GDP

企业生产商品后出售所获得的收入要在劳动、资本、土地等要素所有者和政府之间进行分配，因此，将所有生产要素所有者所获得的收入加总，即可得到运用收入法核算的 GDP。具体包括三项：劳动收入、资本收入和政府收入。

劳动收入是指劳动者提供劳动所获得的收入，主要包括工资、福利津贴、雇佣收入等。资本收入是指资本所有者的收入，包括利润、租金、资本折旧补偿、债券利息以及专利许可费等。政府收入是指政府向企业或个人征税所获得的收入，这里政府收入是扣除转移支付后的净税收收入。

其中，劳动收入和资本收入属于一个经济社会私人部门的收入，主要体现为个人可支配收入（Y_d），政府收入一般为净税收收入（$T - TR$），因此，收入法核算 GDP 的公式为：

$$Y = 个人可支配收入(Y_d) + 政府净税收收入(T - TR)$$

【想一想】

在下面的各种情形下，分别计算对应的美国 GDP 以及该 GDP 受何种因素的影响。

A. Harry 在纽约最好的饭店花了 $200 请他同学吃晚饭

B. Sarah 花 $1 800 买了一台新笔记本。这台笔记本是在中国制造的

C. Jane 为了工作的需要花了 $1 200 购买一台新电脑，这台电脑是由本地的制造商在去年生产的

D. 通用汽车公司生产了价值6亿美元的汽车,但消费者只购买了价值5.2亿美元的汽车

【案例】9-2

中国国内生产总值跃居世界第二

根据中国国家统计局最新公布的数据,2016年中国国内生产总值74.41万亿元,增速6.7%。中国自2008年开始国内生产总值超过日本从而打破自1972年开始的"美国第一,日本第二"的GDP排位格局,日本在1972年超过德国再度成为世界第二大经济体,直至2007年。目前,美国和中国是全球经济体中仅有的两个GDP总量超过10万亿美元的国家。中国2014年GDP总量63.6万亿元人民币,按当年汇率计算,首度超过10万亿美元。

2016年末,福布斯报道"印度GDP将要超过英国"。虽然目前数据暂不支持这一说法,但印度的经济增长形势无疑是十分夺目的。据印度统计和计划执行部2017年1月6日发布的数据,2016年印度实际国内生产总值121.55万亿卢比,约合1.81万亿美元,相较2015增加7.1%。而国际货币基金组织(IMF)1月16日发布的《世界经济展望》中则将印度2016年GDP增速预估为6.6%,并称这一下调"主要是因为最近的纸钞回收和兑换措施造成现金短缺和支付中断,从而对消费造成暂时的负面冲击"。

三、相关总量指标

在核算国民收入的指标中,除了GDP,还包括国内生产净值、国民收入、个人收入以及个人可支配收入等四个重要指标。

1. 国内生产净值

国内生产净值(Net Domestic Product, NDP)是指扣除折旧后一国居民的总收入,用公式表示为:

$$NDP = GDP - 折旧$$

2. 国民收入

国民收入(National Income, NI)是指一国居民的收入总和,或一国全部生产要素所得到的收入,即工资、利息、租金和利润的总和。需要注意的是国民收入中不包含企业间接税和企业转移支付,用公式表示为:

$$NI = NDP - 企业间接税 - 企业转移支付 + 政府补助金$$

3. 个人收入

个人收入(Personal Income, PI)是指个人所得到的全部收入,用公式表示为:

$$PI = NI - 企业未分配利润 - 企业所得税 - 社会保险金支出 + 政府对企业和个人的转移支付 + 国债利息收入$$

4. 个人可支配收入

个人可支配收入(Disposable Personal Income, DPI)是指个人收入中扣除个人所得税后的部分,即税后的个人收入,主要用于消费和储蓄(S),用公式表示为:

DPI＝PI—个人所得税＝消费＋储蓄

四、名义 GDP 与实际 GDP

通过前面的学习,我们知道 GDP 是按照市场价格来计算的。假设一国 GDP 增加,可能是由两个方面的原因导致的,即市场中生产了更多新的商品和劳务或是市场价格上涨了。在这里我们可以看到,由商品产量增加所引起的 GDP 变动是真实的,而由价格上涨导致的 GDP 变动是虚假的。因此为了使 GDP 的变动能够更加准确反映产量的变动状况,使不同年份的 GDP 能够反映当年经济实际变动,在此将 GDP 分为名义 GDP 和实际 GDP。

名义 GDP 是按照当年价格计算的 GDP,实际 GDP 是按照不变价格计算的 GDP,即将某一年设定为基年,以基年的价格为不变价格,再乘以当期产品数量即算出实际 GDP,由此可见,实际 GDP 反映了经济活动中产量的变动情况。下面以一个简单的例子来说明名义 GDP 与实际 GDP 的区别。

表 9-3　名义 GDP 与实际 GDP 的计算

年份	面包		牛奶	
	P	Q	P	Q
2015	$2	100	$3	150
2016	$3	150	$4	100

通过上表的数据,我们可以计算出每年的名义 GDP:

2015 年:$2×100＋$3×150＝$650

2016 年:$3×150＋$4×100＝$850

可见,从 2015 年到 2016 年,名义 GDP 增加了 30.77％,增加的原因部分是由于面包和牛奶的价格变动了,部分原因是由于产量变动了。为了得到不受价格变动影响的产量增长的指标,在此以 2015 年为基年,计算实际 GDP:

2015 年:$2×100＋$3×150＝$650

2016 年:$2×150＋$3×100＝$600

可见,从 2015 年到 2016 年,实际 GDP 减少了 7.69％,主要是由于牛奶的产量降低了。

区别名义 GDP 与实际 GDP 的目的是将价格因素剔除,剔除价格波动造成的影响,可以更加准确地测算一国经济实际增加的情况。

第二节　简单国民收入决定模型

在上一节中我们学习了计算 GDP 的两种方法:支出法和收入法,依据支出等于收入,我们可以知道这两种方法计算得出的 GDP 必然相等。现假设经济中只存在消费者和企业,不存在政府收入与支出,通过支出法和收入法,我们可以得出两部门经济情况下的国民收入:

支出法:　　　　　　　　　　$Y = C + I$

收入法:　　　　　　　　　　$Y = C + S$

由于 $C+I=Y=C+S$，整理后可以得到：$I=S$，即均衡产出或收入的条件为投资等于储蓄。下面将从消费和储蓄两个方面来分析其对国民收入的影响。

一、消费与储蓄

【案例】 9-3

节俭悖论

节俭悖论最早是由凯恩斯提出来的。他认为，仅从个人的角度来讲，个人节制消费增加储蓄可以获得利息收入，可以使个人财富增加。但从整个经济来看，这种行为会减少国民收入并引起经济萧条，因而对整体经济是坏事。相反，个人增加消费减少储蓄会减少个人财富，但却会增加国民收入，并使得经济繁荣，对整个经济来说是好事，不过，对于经济比较落后的国家发展经济需要积累资金，提倡节俭，鼓励储蓄，在利率低时可以增加企业对于资金的需求。

1. 消费函数

消费（C）是指家庭购买商品和劳务的行为，是个人可支配收入的一部分，因此受到收入水平的制约。宏观经济学中假定消费数量与居民的可支配收入水平之间存在着稳定的线性关系，即随着可支配收入的增加，消费数量也会增加，因此，可以用消费函数来表示两者的关系，即：

$$C = \alpha + \beta Y_d$$

其中，α 为自发消费，βY_d 为引致消费，是由国民收入增加而增加的消费，β 称为边际消费倾向（Marginal Propensity to Consume，MPC），是指当可支配收入增加一个单位所导致消费的变动量，用 ΔC 表示消费的增量，ΔY_d 表示收入的增量，则边际消费倾向可以表示为：$MPC = \dfrac{\Delta C}{\Delta Y}$

例如，当可支配收入由 1 万元增加到 2 万元时，消费支出从 0.5 万元增加到 1.2 万元，则边际消费倾向 MPC 为 0.7。

把上式线性消费函数画在坐标轴上：

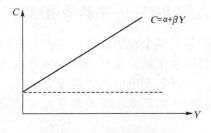

图 9-1 线性消费函数

以我国城镇居民为例，通过查找近几年我国居民收入和消费的数据，可以计算我国城镇居民的平均消费倾向和边际消费倾向，如下表所示：

表 9-4　我国居民收入和消费情况　（单位：元）

年份	城镇居民人均可支配收入	城镇居民人均消费支出	平均消费倾向	边际消费倾向
2013	26 467	18 487.5	0.699	
2014	28 843.9	19 968.1	0.692	0.623
2015	31 194.8	21 392.4	0.686	0.61

平均消费倾向（Average Propensity to Consume，APC）是指消费支出与可支配收入的比率，即

$$APC = \frac{C}{Y}$$

2. 储蓄函数

储蓄是个人可支配收入中未被消费的部分。宏观经济学假设储蓄与可支配收入之间也存在稳定的线性关系，用储蓄函数来表示。储蓄函数可以从 $Y_d = C + S$ 中推导得出。

已知 $C = \alpha + \beta Y_d$，代入 $Y_d = C + S$ 中可以得到：$S = Y_d - (\alpha + \beta Y_d) = -\alpha + (1-\beta)Y_d$

其中，$-\alpha$ 是自发储蓄，$(1-\beta)Y_d$ 是引致储蓄，是由国民收入增加而增加的储蓄，$(1-\beta)$ 称为边际储蓄倾向（Marginal Propensity to Saving，MPS），是指当可支配收入增加一个单位所导致储蓄的变动量，用 ΔS 表示储蓄的增量，ΔY_d 表示收入的增量，则边际储蓄倾向可以表示为

$$MPS = \frac{\Delta S}{\Delta Y}$$

例如，当可支配收入由 1 万元增加到 2 万元时，储蓄从 0.5 万元增加到 0.8 万元，则边际储蓄倾向 MPS 为 0.3。

平均储蓄倾向（Average Propensity to Saving，APS）是指储蓄与可支配收入的比率，即

$$APS = \frac{S}{Y}$$

上式中，$1-\beta$ 为 MPS，由于 α 与 Y_d 均大于 0，所以，APS < MPS。

在这里请注意：$MPC + MPS = 1$，$APC + APS = 1$。

下图给大家展示了消费函数与储蓄函数之间的关系。

二、两部门经济中收入的决定——由消费函数决定

为了简便地说明问题，我们假设整个经济部门只有两个部门：居民和企业，不存在政府和对外经济部门，并且假设投资是外生变量。这样均衡的国民收入就由两部门构成。均衡收入是与计划总支出相等的收入，其中计划支出由消费和投资构成。在收入决定的简单模型中，先假定计划净投资是一个给定的量，不随利率和收入水平的变动而变动，因此，两部门收入决定模型为：

则均衡收入为：
$$\begin{cases} Y = C + I \\ C = \alpha + \beta Y \\ Y = \dfrac{\alpha + I}{1 - \beta} \end{cases}$$

下面我们用图形分析两部门的均衡情况。

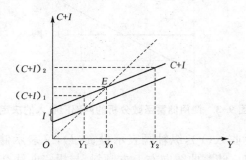

图 9-2　采用消费函数分析的两部门收入的决定

在图 9-2 中,横轴表示总收入(Y),纵轴表示两部门经济中的总需求($C+I$)。由于投资为一个定量,与收入无关,故投资曲线与横轴平行,其高度由投资量决定。消费曲线向右上方倾斜。将消费曲线垂直向上移动相当于投资量的距离,可得到两部门的总需求曲线 $C+I$,它与 45°线交于 E 点。E 点对应的收入 Y_0,正好等于总需求,故收入 Y_0 就是均衡收入。

如果实际收入为 Y_1,小于均衡收入。此时,相应的总需求为$(C+I)_1$,大于收入 Y_1,意味着当年的产出不能满足总需求。为了满足需求,企业必须动用意愿的或计划的存货,导致企业的实际存货少于计划存货。为了把存货恢复到意愿的或计划的水平,企业必然增加生产,从而使实际收入上升。

如果实际收入为 Y_2,大于均衡收入。此时,相应的总需求$(C+I)_2$,小于收入 Y_2,意味着一部分产品卖不出去,导致企业的非计划存货增加。为了把存货减少到正常的或计划的水平上,企业必然减少生产,从而使实际收入下降。

可见,任何不等于均衡收入的收入都是不稳定的,它们都将朝着均衡收入移动。在均衡收入上,总需求等于总收入,实际存货等于意愿存货,企业既不扩大也不缩小生产,收入便稳定下来。故与总需求相等的收入就是稳定的均衡收入。如果消费函数与投资函数既定不变,这种收入水平将被一直维持下去。在上述均衡收入的决定过程中,起调节作用的不是价格机制(价格已经事先被假定不变),而是数量机制或存货机制:当总需求大于总收入或总产出时,企业的存货便下降到意愿的或计划的水平以下,从而促使企业通过增加生产来恢复意愿的存货水平,最终使总产出与总需求相等;反之,当总需求小于总收入或总产出时,企业的存货便增加到意愿的或计划的水平之上,从而促使企业通过减少生产来减少非计划存货,最终使总产出与总需求相等。

三、两部门经济中收入的决定——由储蓄函数决定

用计划投资等于计划储蓄的方法求得均衡收入,因此,两部门收入决定模型为:

则均衡收入为:$\begin{cases} Y = C + I \\ S = -\alpha + (1-\beta)Y_d \\ I = S \\ Y = \dfrac{\alpha + I}{1 - \beta} \end{cases}$

请看下图:

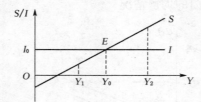

图 9-3　使用储蓄函数分析的两部门收入的决定

在图 9-3 中，横轴表示收入(Y)，纵轴既表示投资(I)，又表示储蓄(S)。投资曲线与横轴平行，其高度由投资量决定。储蓄曲线向右上方倾斜，与投资曲线交于 E 点。在 E 点上，投资等于储蓄，故与 E 点对应的收入 Y_0，即均衡收入。

如果实际收入为 Y_1，小于均衡收入。此时，投资大于储蓄。由于储蓄恒等于实际投资，因此，投资大于储蓄，意味着实际投资小于意愿投资，即实际存货小于计划存货。为了把实际存货增加到计划的水平，企业必然扩大生产，从而使收入上升。如果实际收入为 Y_2，大于均衡收入。此时，投资小于储蓄。储蓄恒等于实际投资，投资小于储蓄，意味着意愿投资小于实际投资，从而存在非意愿投资，即存在非计划存货。为了把实际存货量减少到意愿或计划的水平，企业必然缩减生产，从而使收入下降。

可见，任何投资不等于储蓄的收入不仅不是均衡收入，而且也都是不稳定的，它们都将朝着均衡收入方向变动。一旦投资等于储蓄，即意愿投资等于实际投资，非计划存货等于零，企业倾向于维持既定的产出。于是，收入便稳定下来。故投资与储蓄相等的收入就是稳定的均衡收入。

第三节　乘数原理

由上一节内容可知，在两部门经济情况下，消费函数与投资函数的任何变动都会引起均衡收入的变动。相对于投资量来说，消费量要稳定得多。现假定消费函数既定不变，在两部门经济中，均衡收入的变动由投资函数的变动引起，如图 9-4 所示。

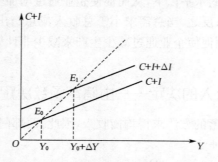

图 9-4　投资变动引起的收入变动

在图 9-4 中，横轴表示收入 Y，纵轴表示两部门经济中的总需求 ($C+I$)。总需求曲线与 45°线的交点为 E_0，决定的均衡收入为 Y_0。现在假定投资增加 ΔI，其他因素不变。于是，总需求曲线向上垂直移动到 $C+I+\Delta I$，这条新的总需求曲线与 45°线的交点 E_1，决定的国民收入

为 $Y_0 + \Delta Y$，其中，ΔY 是自发投资增加 ΔI 所增加的收入。接下来，我们将重点学习投资乘数对国民收入的变动量。

一、投资乘数的含义

投资乘数是指每增加一单位投资所增加的国民收入量，它等于收入的变动量 ΔY 与投资的变动量 ΔI 之比。依据该定义，我们可知投资乘数为

$$K = \frac{\Delta Y}{\Delta I} = \frac{1}{1 - MPC}$$

式中，MPC 为边际消费倾向。

例如：假定社会的边际消费倾向为 0.6，当增加 100 万美元，最终会使国民收入增加 250 万美元，其过程为：

$$100 + 100 \times 0.6 + 100 \times 0.6 \times 0.6 + \cdots + 100 \times 0.6^{n-1}$$
$$= 100 \times (1 + 0.6 + 0.6^2 + 0.6^3 + \cdots + 0.6^{n-1})$$
$$= 100 \times 2.5$$
$$= 250$$

二、投资乘数的决定因素

由投资乘数的公式，我们不难发现：投资乘数与边际消费倾向 MPC 同方向变动，MPC 越大，投资乘数也越大。如果 $MPC = 0$，则 $K = 1$，即投资增加一单位，国民收入也增加一单位。在这种情况下，实际上不存在投资的乘数效应；如果 $MPC = 1$，则 $K = +\infty$，即投资增加一单位，国民收入将无限增加。由于 $0 < MPC < 1$，故 $1 < K < +\infty$。

【拓展阅读】9-1

凯恩斯的生平

约翰·梅纳德·凯恩斯(John Maynard Keynes)1883 年生于英国的剑桥，母亲异常能干，曾任剑桥市市长，父亲是一位卓越的逻辑学家，著有一部经济学方法论著作《政治经济学的范围和方法》。凯恩斯毕业于伊顿公学，在剑桥大学获得数学和文学双学士学位。1905 年当选剑桥大学同学会会长。数学成绩非常优秀。毕业后考取了公务员，1908 年起任剑桥大学经济学讲师。

1919 年，作为财政部的代表，凯恩斯跟随乔治首相参加巴黎和会，主张放弃对德国战争赔偿的要求。他的看法是如果让德国赔偿，德国就要在各种产品上大量制造。当产品大量制造时，其平均成本会下降，德国产品具有强大的竞争力。一旦赔偿结束，德国产品将占领欧洲市场。德国将会因此重新强大起来。他把这个思想写成了一本书《和约的经济后果》，这是一本非凡的雄辩的小册子。为凯恩斯赢得了世界性的声誉。他还写了学术著作《概率论》。

1929—1933 年席卷资本主义世界的大危机，使凯恩斯苦恼不已，并不是因为生活艰难，相反，他生活优裕。他的苦恼在于他的老师马歇尔的经济理论不能解释经济大萧条的现实。因

为根据马歇尔的自由主义经济学理论,价格机制是完全有效的,不可能有大量的非自愿性失业。凯恩斯在痛苦中,做出了正确的抉择,否定了老师的学说。凯恩斯推翻了奉若神明的"萨伊定律",主张政府积极干预经济生活。

凯恩斯提出了有效需求理论,解释了大萧条的根源,并找到了正确的解决思路。凯恩斯的主要著作是1936年出版的、具有划时代意义的巨著《就业、利息和货币通论》,他是20世纪乃至有史以来最伟大的经济学家之一。凯恩斯酷爱收藏,懂得艺术品欣赏,在股市上投机赚了几十万英镑。

凯恩斯做过国际货币基金组织(IMF)和国际复兴开发银行(现在的世界银行)的董事,1942年被封为勋爵。有人对凯恩斯的经济学贡献评价为:他相当于天文学界的哥白尼,生物学界的达尔文,物理学界的爱因斯坦。

1946年,凯恩斯因心脏病突发去世,英国为其举行了国葬。凯恩斯的墓志铭是:
不用为我悲哀,朋友,千万不要为我哭泣。
因为,往后我将永远不必再辛劳。
天堂里将响彻赞美诗与甜美的音乐,
而我甚至也不再去歌唱。

【拓展阅读】9-2

蜜蜂的寓言

《蜜蜂的寓言》这本书是由曼德维尔(Bernard Mandeville,1670—1733)写的,内容包括一首讽刺诗和对诗的评论,诗不长,评论是书的主体部分。

诗的内容是,有一个蜜蜂王国,国王住在金碧辉煌的宫殿里,女仆们都穿着带褶皱的华丽衣服,还有一大群银器匠,专门为国王打造金银器皿,国王每天钟鸣鼎食。表面上,这个王国一片繁荣。可是仔细观察下来,却令人皱眉慨叹。因为这个社会充满了虚荣、自私、争名夺利、尔虞我诈。

于是,突然有一天,这个王国的人(蜜蜂)要过一种全新的简朴的生活,奢侈品不要了,仆人不要了,银器匠不要了。人都被轰到乡下种地,可是哪里有那么多地可以种?于是到处是失业的人,王国一片凋敝,国力迅速衰落,被邻国打败。为什么当这个国王讲究虚荣和奢侈的时候那么繁荣,而讲究美德、追求简朴后,却民不聊生了呢?

因为爱慕虚荣的人们喜欢消费,喜欢奢侈甚至浪费,消费者跟傻瓜一样,什么东西都不会卖不出去,不管有用还是没有用,也不论贵贱。

曼德维尔说,我们总是被教导,应该成为怎样的人,可是从来没有人告诉我们,我们本质上是什么样的。他说,人的本质,就是追求虚荣的、利己的动物。而虚荣并没有什么不好,相反可以促进自己和他人的利益。

【课后练习】

一、下列各项交易将会对中国 GDP 产生怎样的影响?
(1) 政府向公务员支付 10 万元薪金;

(2) 政府增加 5 亿元的社会福利支出；
(3) 南航购买美国波音飞机部件,向其支付 10 亿元；
(4) 政府支付国债利息 10 亿元。

二、根据表 9-5 的资料回答下列问题：
(1) 计算国内生产总值；
(2) 计算净投资；
(3) 计算净出口；
(4) 计算可支配收入；
(5) 计算储蓄。

表 9-5　　　　　　　　　　　　　　　　　　　　单位:亿元

项目	数量
消费支出(C)	5 000
税收(T)	3 000
转移支付(TR)	2 500
出口(X)	2 400
进口(M)	2 200
政府购买(G)	2 000
总投资(I)	4 000
折旧	400

三、表 9-6 列出了小张家近四年的收入及支出情况,根据表中信息回答下列问题：
(1) 列出小张家的消费函数,并计算出边际消费倾向；
(2) 当小张家的收入上涨到 35 000 元,并支付了 4 500 元的税收,则小张会将多少钱用于消费？

表 9-6　　　　　　　　　　　　　　　　　　　　单位:元

收入	税收	消费支出
25 000	3 000	20 000
27 000	3 500	21 350
28 000	3 700	22 070
30 000	4 000	23 600

四、已知某社会消费函数为 $C = 50 + 0.8Y$,投资 $I = 600$ 亿元。
(1) 计算均衡收入和投资乘数；
(2) 计算储蓄；
(3) 当投资减少到 550 亿元时,均衡收入为多少？

第十章 宏观经济政策

本章通过借助 IS-LM 模型对宏观经济政策进行分析,掌握两类基本的宏观经济政策——财政政策和货币政策的基本内容,重点理解政府如何使用财政政策工具来调节整个国民经济,以及货币当局如何使用货币政策工具间接影响国民经济,并能利用所学知识对当前国家的宏观经济政策进行分析。

2017 年 1 月 17 日,财经专家贾康在中国社会科学院金融研究所、腾讯理财通及腾讯研究院金融研究中心联合举办的"国人工资报告暨互联网理财指数发布会"上表示,积极的财政政策和稳健中性的货币政策将贯穿整个 2017 年。从宏观经济层面来看,积极有效的财政政策将推动供给侧结构性改革,而稳健中性的货币政策,适应货币供给方式新变化,将起到维护流动性基本稳定等作用。贾康指出,积极有效的财政政策有利于减缓人民币贬值压力、部分资金外流的情况,推动供给侧结构性优化,此外还有助于防范风险,适当降低储蓄率。

通过上述案例我们可以看到政府通过实施积极有效的财政政策有助于调控整体经济,具体而言,财政政策工具包括哪些,在何种情况下适宜采用财政政策,何种情况下适合采用货币政策,下面将为大家一一解答。

第一节 宏观经济政策概述

一、宏观经济政策的概念

宏观经济政策(Macro-economic Policy)是指国家或政府有意识有计划地运用一定的政策工具,调节控制宏观经济的运行,以达到一定的政策目标,主要包括财政政策和货币政策。

二、宏观经济政策目标

宏观经济政策目标主要包括充分就业、物价稳定、经济增长和国际收支平衡。这些目标相互之间存在一定冲突,往往不能兼得。宏观经济学的最主要问题是如何保证经济在物价稳定的前提下沿着充分就业轨迹增长。

1. 充分就业

充分就业是指包含劳动在内的一切生产要素都以愿意接受的价格参与生产活动的状态。充分就业包含两种含义:一是指除了摩擦失业和自愿失业之外,所有愿意接受各种现行工资的人都能找到工作的一种经济状态,即消除了非自愿失业就是充分就业。二是指包括劳动在内的各种生产要素,都按其愿意接受的价格,全部用于生产的一种经济状态,即所有资源都得到充分利用。失业意味着稀缺资源的浪费或闲置,从而使经济总产出下降,社会总福利受损。因此，失业的成本是巨大的，降低失业率，实现充分就业就常常成为西方宏观经济政策的首要目标。

凯恩斯认为，如果"非自愿失业"已经消除，失业仅限于摩擦失业和自愿失业的话，就是实现了充分就业。目前，大多数西方经济学家认为存在4%～6%的失业率是正常的，此时社会经济处于充分就业状态。

2. 物价稳定

物价稳定是指物价总水平的稳定。一般用价格指数来衡量一般价格水平的变化。价格稳定不是指每种商品价格的固定不变，也不是指价格总水平的固定不变，而是指价格指数的相对稳定。价格指数又分为消费物价指数（CPI），批发物价指数（PPI）和国民生产总值折算指数三种。物价稳定并不是通货膨胀率为零，而是允许保持一个低而稳定的通货膨胀率，所谓低，就是通货膨胀率在1%～3%之间，所谓稳定，是指在相当时期内能使通货膨胀率维持在大致相等的水平上。这种通货膨胀率能为社会所接受，对经济也不会产生不利的影响。

3. 经济增长

经济增长是指在一个特定时期内经济社会所生产的人均产量和人均收入的持续增长。它包括：一是维持一个高经济增长率；二是培育一个经济持续增长的能力。一般认为，经济增长与就业目标是一致的。经济增长通常用一定时期内实际国民生产总值年均增长率来衡量。经济增长会增加社会福利，但并不是增长率越高越好。这是因为经济增长一方面要受到各种资源条件的限制，不可能无限地增长，尤其是对于经济已相当发达的国家来说更是如此。另一方面，经济增长也要付出代价，如造成环境污染，引起各种社会问题等。因此，经济增长就是实现与本国具体情况相符的适度增长率。

4. 国际收支平衡

国际收支平衡的目标要求做到汇率稳定，外汇储备有所增加，进出口平衡。国际收支平衡不是消极地使一国在国际收支账户上经常收支和资本收支相抵，也不是消极地防止汇率变动、外汇储备变动，而是使一国外汇储备有所增加。适度增加外汇储备看作是改善国际收支的基本标志。同时由于一国国际收支状况不仅反映了这个国家的对外经济交往情况，还反映出该国经济的稳定程度。

以上四大目标相互之间既存在互补关系，也有交替关系。互补关系是指一个目标的实现对另一个的实现有促进作用。如为了实现充分就业水平，就要维护必要的经济增长。交替关系是指一个目标的实现对另一个有排斥作用。如物价稳定与充分就业之间就存在两难选择。为了实现充分就业，必须刺激总需求，扩大就业量，这一般要实施扩张性的财政和货币政策，由此就会引起物价水平的上升。而为了抑制通货膨胀，就必须紧缩财政和货币，由此又会引起失业率的上升。又如经济增长与物价稳定之间也存在着相互排斥的关系。因为在经济增长过程中，通货膨胀已难以避免。再如国内均衡与国际均衡之间存在着交替关系。这里的国内均衡是指充分就业和物价稳定，而国际均衡是指国际收支平衡。为了实现国内均衡，就可能降低本国产品在国际市场上的竞争力，从而不利于国际收支平衡。为了实现国际收支平衡，又可能不利于实现充分就业和稳定物价的目标。

由此，在制定经济政策时，必须对经济政策目标进行价值判断，权衡轻重缓急和利弊得失，确定目标的实现顺序和目标指数高低，同时使各个目标能有最佳的匹配组合，使所选择和确定的目标体系成为一个和谐有机的整体。

第二节 财政政策工具

一、财政政策的含义

财政政策是指国家根据一定时期政治、经济、社会发展的任务而规定的财政工作的指导原则,通过财政支出与税收政策的变动来影响和调节总需求进而影响就业和国民收入的政策。财政政策是国家整个经济政策的组成部分。

二、财政政策工具

财政政策工具是财政当局为实现既定的政策目标所选择的操作手段。财政政策工具主要有政府购买支出、政府转移支付和税收三种。它们将引起总需求的变动,最终导致一般价格水平、就业数量与国民收入的变动。

三、财政政策工具的运用

上述三种财政政策工具均有一个共性,即主要是在产品市场上发挥作用。对于财政政策工具的运用通常遵循"逆经济风向行事"的原则,或相机抉择或斟酌使用,即当经济衰退时,采取扩张性财政政策以刺激总需求;反之,当经济过度繁荣,出现通货膨胀时,采取紧缩性财政政策以抑制总需求(即补偿性财政政策)。

1. 扩张性财政政策

扩张性财政政策,又称膨胀性财政政策或积极稳健财政政策,是国家通过财政分配活动刺激和增加社会总需求的一种政策行为。主要是通过增加国债、降低税率、提高政府购买和转移支付进而扩大财政赤字,增加和刺激社会总需求的一种财政分配方式。最典型的方式是通过财政赤字扩大政府支出的规模。当经济生活中出现需求不足时,运用膨胀性财政政策可以使社会总需求与总供给的差额缩小以至达到平衡;如果社会总供求原来是平衡的,这一政策会使社会总需求超过总供给;如果社会总需求已经超过总供给,这一政策将使两者的差额进一步扩大。

中国政府历来不主张实行赤字政策,但在现实生活中财政赤字现象却是存在的。比较严重的财政赤字主要出现在两个时期:

(1)"大跃进"时期(1958～1960年)。在很大程度上,"大跃进"否定综合平衡、稳步前进的正确方针,造成国民经济运行的紊乱,在财政上表现为"假结余、真赤字"。1962年查实,原决算三年共结余3.97亿元,实际为赤字169.39亿元。这一结果证明,当时的财政分配活动是膨胀性的。

(2)实行改革开放政策中发生的财政赤字。1979～1990年的12年中,11年有赤字。1979年曾出现巨额赤字170.67亿元,主要是因为当年同时实行提高农副产品收购价格、提高职工工资和对企业减税让利,致使财政支出规模急剧扩大,以后几年经过调整,赤字数量有所缩小,但从1983年起又开始扩大。造成这一期间巨额财政赤字的原因,主要是为了扭转十年"文化大革命"造成的经济比例关系失调,也是为补偿多年在生产和生活方面累积的"欠账"所付出的代价,同时和经济改革经济发展中急于求成的倾向,以及由此对国家财政造成的超负荷压力有着密切关系。

通过实施扩张性的财政政策,可以在初始利率水平上增加总需求,进而增加国民收入,刺激经济发展。以增加政府购买为例,政府购买支出的增加会使 IS 曲线向右移动,在同一利率水平上,均衡收入的增量为政府购买支出乘数与政府购买支出增量的乘积,产品市场实现均衡,而货币市场由于存在过度的货币需求而未实现均衡,因货币供应量不变,人们出售债券来获得货币,使利率上升(债券价格下降),而利率上升会使私人投资减少。货币市场和产品市场在新的均衡点上实现均衡,并且产出的增加幅度小于 IS 曲线移动的幅度,主要是由于利率上升而减少了部分投资。需要注意的是在调整过程中,均衡点始终沿着 LM 曲线移动。

【案例】10-1

凯恩斯的有效需求理论

英国经济学家 J. M. 凯恩斯,在 20 世纪 30 年代提出有效需求决定就业的理论,他认为包括消费需求和投资需求,主要是由三个基本心理因素即消费倾向、灵活偏好和对资产未来收益的预期决定的。而资本主义之所以存在失业和经济萧条,就是由这些因素相互作用而引起有效需求不足造成的。凯恩斯提出的相应措施是加强国家对经济的干预,主要通过财政金融政策,刺激消费和投资,增加有效需求,实现充分就业。他的政策措施以社会总需求小于总供给为前提,以加强需求管理为重点,以赤字政策为中心内容。20 世纪 60 年代凯恩斯的后继者提倡充分就业财政政策,其基本内容是:当某一年的实际国民生产总值小于潜在的(即充分就业的)国民生产总值时,即使在经济上升时期,仍要通过赤字政策刺激需求,从而实现充分就业。

第二次世界大战后,凯恩斯主义被西方各国奉若神明,纷纷采取赤字财政政策。在当时的历史条件下和一段时间内,赤字财政政策对就业与缓和经济危机起到了一定作用。但是,长期的赤字财政政策最终导致通货膨胀与经济停滞的交织并发,即滞胀。以美国为例:1952~1957 年间,通货膨胀率一般在 2% 上下,失业率在 4% 左右,即表现为低通货膨胀率和低失业率,这一时期被称为凯恩斯主义的"黄金时代";1958~1965 年间,通货膨胀率在 1.3% 上下,失业率在 5% 左右,即低通货膨胀率与高失业率并存;1966~1969 年间,失业率在 4% 以下波动,而通货膨胀率则从 2% 左右上升到 5% 以上,表现为低失业率,高通货膨胀率;1970~1979 年间,失业率和通货膨胀率同时上升,使美国陷入滞胀困境。凯恩斯主义宣告失灵。

2. 紧缩性财政政策

紧缩性财政政策,又称为适度从紧的财政政策,是国家通过财政分配活动抑制或压缩社会总需求的一种政策行为。它往往是在已经或将要出现社会总需求大大超过社会总供给的趋势下采取的。该政策典型形式是通过财政盈余压缩政府支出规模,主要措施包括减少国债、提高税率、减少政府购买和转移支付。因为财政收入构成社会总需求的一部分,而财政盈余意味着将一部分社会总需求冻结不用,从而达到压缩社会总需求的目的。实现财政盈余,一方面要增加税收,另一方面要尽量压缩支出。如果增加税收的同时支出也相应地增加,就不可能有财政盈余,增加税收得以压缩社会总需求的效应,就会被增加支出的扩张社会总需求的效应所抵消。

新中国成立以来,我国国民经济运行的常态是社会总需求大于总供给,在几次国民经济调整中都实行了紧缩性财政政策,以矫治经济发展速度过快、比例严重失调和通货膨胀的弊端。在1961~1965年实行"调整、巩固、充实、提高"方针,这次调整的主要任务是克服"大跃进"给国民经济带来的严重比例失调和混乱局面。主要紧缩措施是:大力压缩基本建设投资规模、节约非生产性开支,压缩社会集团购买力;精减职工,减少国家工资支出;对预算外资金实行"纳、减、管",增加预算内收入;加强财政工作的集中统一,搞好综合平衡。在实行紧缩措施的同时,还采取了有力的增产措施,增加有效供给,如加强财政对农业的支援并减轻农民负担,调整投资结构从而增加农业和轻工业产品的生产,清仓核资充分发挥物资的潜力等。经过五年的努力,国民经济得到迅速恢复和发展。在1963~1965年间工农业总产值平均每年增长15.7%,财政收入平均每年增长14.7%,各项经济指标恢复到或超过第一个五年计划时期(1953~1957年)的最好水平。

同样以减少政府购买为例,在同一利率水平上,均衡收入的减少为政府购买支出乘数与政府购买支出减少量的乘积,产品市场实现均衡,而货币市场由于存在过度的货币供给而未实现均衡,因货币供应量不变,人们将多余的货币用来购买债券,使利率下降(债券价格上升),而利率下降会使私人投资增加。货币市场和产品市场在新的均衡点上实现均衡,并且产出减少主要是由于利率下降而增加了部分投资。

【案例】10-2

2016年我国的财政政策

回首2016年,我国经济政策的突出特点在于,政府正逐渐加大对经济的调控力度,在执行过程中逐渐减少对货币政策的依赖,加强财政政策的力度。财政政策向来是中国经济发展的重要推动力。在当前全球经济增速放缓,货币政策逐渐失效的情况下,各国政府纷纷加大财政政策的执行力度。特别是G20杭州峰会以后,各国政府逐渐就"通过财政政策刺激经济增长"达成一致。美国新总统特朗普计划未来5年投资5 000亿美元为经济提供新的动力。20世纪80年代,里根总统也是通过供给侧改革的财政政策使美国走出了滞胀的泥潭。

2016年我国财政政策的实施力度也在加大。在固定资产投资方面,前10个月,累计固定资产投资达到48.4万亿元,同比去年增长了3.7万亿元,增速8.3%,其中中央项目1.9万亿元,地方项目46.5万亿元,国有控股企业投资增速达到20.5%。基础设施投资超过8万亿元,占全部投资的比重为19.5%,比2015年同期高1.8个百分点;拉动全部投资增长3.4个百分点,比2015年同期高0.4个百分点。

税收政策也是财政发力的重点领域。根据国家税务总局的数据,前9个月,营改增累计减税3 267亿元,所有行业都实现了税负只减不增的目标,减税规模也呈逐步扩大态势,全年减税5 000亿元的目标也能够顺利实现。10月,国务院印发《关于激活重点群体活力带动城乡居民增收的实施意见》,要求进一步减轻中低以下收入者税收负担。11月,财政部单独设立个人所得税处;个税改革正在加速推进。

政策的连续性和稳定性是经济增长和推进改革的重要保障。近年来,"坚持稳中求进"一直是中央经济工作会议的总基调,特别是在去产能、去库存、去杠杆、降成本、补短板五大经济任务正在进行之际,政策的连续性和稳定性不会轻易改变。

因此,"坚持稳中求进"也将是今年中央经济工作会议的总基调。而财政政策的重点内容预计将在于基建、税收、赤字率等方面。首先,在基础设施建设领域,预计2017年将继续加强对基建的投入。改善民生、经济补短板的也都需要进一步加大基础设施建设。基建的加强也将对房地产增速的下滑起到对冲作用。正如李克强总理强调的,"首先是要加快推进重大工程项目建设,第二也是更重要的,许多制度性、体制性改革,政府不花钱就可以调动有效投资"。而所谓"政府不花钱就可以调动有效投资"则是指PPP项目,据统计,PPP项目入库总规模明年可能达到20万亿~25万亿元,进入实施阶段的大约在4万亿元左右。

其次,在税收改革方面,2016年的税改将进一步延续。税改将从两个方面进行,一是企业方面,营改增自今年5月全面推开以来,企业的债务负担得到缓解,预计2017年仍有进一步减税的空间,如小幅降低增值税税率,对五险一金进行再次下调或整合等。另一方面,预计2017年将进一步推进个税改革,建立"综合与分类相结合"的税制为大方向,改革最受关注也是最核心内容之一的专项抵扣有望进一步明朗,再教育支出和首套房贷款利息有望纳入选项。11月,原国税总局党组书记、局长肖捷出任财政部部长,此前肖捷一直将"结构性减税""降低宏观税负""营改增""保护纳税人合法权益"等作为自己工作的重要内容。肖捷出任财政部部长意味着2017年税改将成为国家财政政策的重点工作。

最后,无论是基建还是减税,都会暂时增加政府的财政赤字。2016年我国目标赤字率为3%,预计2017年财政赤字率目标可能会有所提高。2015年我国赤字规模为1.62万亿元,赤字率约为2.3%,包括中央赤字规模1.12万亿元和地方的5 000亿元,预计2016年达到2.18万亿元,其中中央财政赤字1.4万亿元,地方赤字7 800亿元。从债务方面来看,根据财政部的统计,中央政府二季度债务余额11.2万亿元,环比增长5%,2015年末,地方政府债务存量高达16万亿元。此外,政策性银行2016年发行了金融专项债1.6万亿元,央行仍有可能继续通过抵押补充贷款,经政策性银行向基建项目投放资金。这都将增加政府的债务,从而间接提高政府的赤字率。

3. 相机抉择财政政策

相机抉择的财政政策是指政府根据一定时期的经济社会状况,主动灵活选择不同类型的反经济周期的财政政策工具,干预经济运行行为,实现财政政策目标。相机抉择财政政策具体包括汲水政策和补偿政策。汲水政策是指经济萧条时期进行公共投资,以增加社会有效需求,使经济恢复活力的政策。汲水政策有三个特点:第一,它是以市场经济所具有的自发机制为前提,是一种诱导经济恢复的政策;第二,它以扩大公共投资规模为手段,启动和活跃社会投资;第三,财政投资规模具有有限性,即只要社会投资恢复活力,经济实现自主增长,政府就不再投资或缩小投资规模。补偿政策是指政府有意识的从当时经济状况反方向上调节经济景气变动的财政政策,以实现稳定经济波动的目的。在经济萧条时期,为缓解通货紧缩影响,政府通过增加支出、减少收入政策来增加投资和消费需求,增加社会有效需求,刺激经济增长;反之,经济繁荣时期,为抑制通货膨胀,政府通过财政增加收入、减少支出等政策来抑制和减少社会过剩需求,稳定经济波动。

四、财政政策的缺陷

1. 挤出效应

财政政策的挤出效应是指政府开支增加所引起的私人支出减少,即以政府开支代替私人开支。这样,扩张性财政政策刺激经济的作用就会被减弱。财政政策挤出效应存在的最重要原因就是政府支出增加引起利率上升,而利率上升会引起私人投资与消费减少。

财政政策挤出效应的大小取决于多种因素。在各种资源充分利用的情况下,挤出效应最大,换言之,政府的支出增加等于私人支出的减少,扩张性财政政策对经济没有任何刺激作用。例如,在我国20世纪80年代通货膨胀时期,我国政府采取的财政政策是紧缩性的,包括减少政府项目,控制集团购买力等,否则,就会挤占老百姓的消费与企业的投资。政府支出在资源没有充分利用的情况下,挤出效应较小。例如,当经济极度衰退时,政府实施积极的财政政策的挤出效应就很小,因为,这时的居民消费与私人投资不足。因此,观察挤出效应的大小,主要看政府支出增加后,所引起的利率上升的幅度。利率上升高,则挤出效应大;反之,利率上升低,挤出效应小。

2. 财政政策的时滞

经济学家认为,良好的经济政策不仅是单纯的政策配合问题,还要把握住运用政策的时机。但是,任何一项政策从决策到对经济发生影响都会有一个时间间隔,这被称为政策时滞。政策时滞包括内部时滞和外部时滞,其中,内部时滞是指制定政策所花费的时间,外部时滞是指政策行为对经济产生影响的时间。因此,政府在运用相机抉择的财政政策与货币政策来进行经济调控时,还要考虑到政策时滞(Time Lag)问题。

从相机抉择的财政政策来说,财政政策的实施一般会存在下列五种时滞:认识时滞、行政时滞、决策时滞、执行时滞和效果时滞。认识时滞是指从经济现象发生变化到决策者对这种需要调整的变化有所认识所经过的时间,这段延迟时间的长短主要取决于行政部门掌握经济信息和准确预测的能力。行政时滞也称为行动时滞,是指财政当局在制定采取何种政策之前对经济问题调查研究所耗费的时间。这两种时滞只涉及行政单位而与立法机构无关,也就是说,这两种时滞只属于研究过程,与决策单位没有直接关系,经济学称为内在时滞。内在时滞的长短,一方面取决于财政当局收集资料、研究情况所占用的时间以及采取行动的效率;另一方面取决于当时的政治与经济目的,尤其是在希望实现的目标较多的情况下,必须对政策目标的优先顺序进行选择。

与内在时滞相对应的是外在时滞。外在时滞是指从财政当局采取措施到这些措施对经济体系产生影响的这一段时间,主要包括三种时滞:(1)决策时滞,是指财政当局将分析的结果提交立法机构审议通过所占用的时间;(2)执行时滞,是指政策议案在立法机构通过后交付有关单位付诸实施所经历的时间;(3)效果时滞,是指政策正式实施到已对经济产生影响所需要的时间。这三种时滞与决策单位发生直接关系,而且直接影响社会的经济活动,故称为外在时滞。由于经济结构和经济主体的行为具有不确定性,而且很难预测,因此外在时滞可能会更长。

第三节 货币政策工具

一、货币政策的含义

货币政策是指中央银行通过调整经济中的货币供给量和利率水平来调节总需求,实现经济稳定发展的各种措施的总称。在学习货币政策工具前,我们先简单了解下中央银行的相关内容。

1. 中央银行的概念及性质

中央银行是指政府的银行,是代表政府管理一国金融活动的公共机构,它最主要的使命是控制一国的货币供给量与信贷条件。中央银行经营的目的不是为了取得利润,而是为了增进公共利益。

2. 中央银行的职能

(1) 发行货币:中央银行垄断本国的货币发行权,它可以通过控制货币供给量来影响宏观经济,这就是中央银行的货币政策,即中央银行是货币政策的制定者和实施者。

(2) 管制商业银行:中央银行既是商业银行的监管者,也为商业银行提供服务,包括为商业银行提供贷款,规定商业银行的准备率,并为商业银行的客户提供存款担保(最大存款客户除外)等。中央银行集中保管商业银行缴存的准备金,办理各商业银行在全国范围内的结算业务,在商业银行资金短缺而银行之间的拆借困难时,中央银行充当最后的贷款人,以垫款或贴现的方式对各银行提供贷款,以避免银行破产所引起的金融风暴。

由于以下两个原因,在市场经济中,商业银行是受政府监控程度最高的一个行业:

第一,银行业具有自然垄断的性质,为了提高效率必须监控。

第二,为了避免银行挤兑恐慌的发生,保障一国的金融稳定。

20 世纪 30 年代大萧条中的银行恐慌曾使美国的 9 000 家银行倒闭。现在,挤兑恐慌大大减少了:联邦储备银行保证,无论银行发生什么情况,除最大的存款者外,所有存款人都可以取回他们的钱;而且联邦储备银行将充当最后的贷款者,确保为健康的银行提供资金。

(3) 代理国库:中央银行为政府提供金融服务,包括代理国库,经办政府的财政预算收支;代理发行政府国债;管理国家的黄金和外汇;办理政府金融事务。作为最高的金融管理机构,中央银行代表政府制定各种金融法规,执行对商业银行的监督管理。

3. 银行体系创造货币的机制

(1) 中央银行对基础货币的控制

货币供给的第一步是中央银行发放基础货币,基础货币是指流通中的现金与银行存款准备金,其中,现金又称为通货,是指公共手中所持有的货币量;存款准备金是指商业银行存放在中央银行账户中的资金,包括法定存款准备金和超额存款准备金两部分,法定存款准备金是指中央银行规定商业银行吸收的公众存款必须按照法定的存款准备金率向中央银行交存的最低数量的准备金。例如中国农业银行共吸收了 900 亿元的公众存款,假定存款准备金率为 10%,则农行交存至中央银行的法定存款准备金最少为 90 亿元,当农行向中央银行交存了 100 亿元,则多出的 10 亿元为超额存款准备金。

(2) 商业银行体系创造货币机制

假设公众通过出售国债获得 100 亿元,并将钱全部存入 A 银行,则 A 银行账面上有 100 亿元的存款,在法定准备金率为 10% 的情况下,A 银行向中央银行交存 10 亿元存款准备金,并将剩余的 90 亿元用于发放贷款;得到这 90 亿元贷款的客户把这笔贷款存入 B 银行,于是活期存款就增加了 90 亿元。B 银行根据 10% 的法定准备率,放款 81 亿元,得到这笔贷款的客户又会把它存入 C 银行,于是活期存款或货币又增加了 72.9 亿元。这个过程可以一直持续下去。

最终整个银行体系活期存款增加总额为:

$$100+100(1-10\%)+100(1-10\%)^2+100(1-10\%)^3+\cdots\cdots$$
$$=100\times1/[1-(1-10\%)]$$
$$=100\times1/10\%$$
$$=1\,000(亿元)$$

由以上分析可知,银行创造货币的数量并不是无限的,当中央银行投放的基础货币既定时,商业银行创造出的货币数量取决于存款准备金率,在上例中,当存款准备金率为10%时,100亿元的基础货币创造了1 000亿元的货币量,基础货币变动与货币总量之间的关系称为货币乘数,它是指每一元的基础货币变动所引起的货币量增加的倍数,反映了银行体系创造货币的能力,其公式为:$K_m=1/rr$,其中rr为存款准备金率。

货币乘数的大小取决于存款准备金率,存款准备金率越高,货币乘数越小,因为准备金是对存款的一种漏出,准备金率越高,则存款漏出越多,可用于贷放的存款余额就越少,银行的货币创造能力也就越小,反之亦然。

由此可见,一国的货币供应量,实际上绝大部分是商业银行创造的存款货币,中央银行印出来的纸币只占很小的一部分。当然,中央银行还是可以直接或间接地控制一国国内的货币供应量。一方面中央银行可以直接控制发放出来的基础货币数量,另一方面,中央银行也可以通过法定存款准备金率rr来影响货币乘数,从而间接地控制存款货币的数量。

在已知货币乘数的情况下,我们可以知道中央银行对基础货币的调节控制,即通过货币乘数的作用对货币供给产生放大影响。例如,货币乘数为5时,如果中央银行希望增加1 000万元的货币供给量,它只需要增加200万元(1 000万元/5=200万元)基础货币就可以达到目的,增加200万元基础货币,并不代表一定要印刷200万元的纸币投放到市场中,而是中央银行通过实施货币政策工具来实现。下面,为大家具体说明中央银行实施货币政策的三大工具。

二、货币政策工具

通过前文的学习,我们知道中央银行基础货币的发放会影响商业银行的准备金,商业银行的存贷款行为在部分准备金制度下具有创造货币的机制。因此,中央银行可以通过运用货币政策工具来调整商业银行的准备金,进而间接地控制市场中的货币供给量。货币政策工具是中央银行为达到货币政策目标而采取的手段,主要包括法定存款准备金率、再贴现率和公开市场业务,俗称央行的"三大法宝"。

1. 法定存款准备金率

法定存款准备金率是指中央银行规定的商业银行必须持有的最低数量的准备金,由于货币乘数的大小取决于法定存款准备金率,因此,中央银行可以将其作为调节货币供应量的工具。当经济发展过热,中央银行认为需要减少货币供应量,可以通过提高存款准备金率来实现。存款准备金率提高意味着商业银行必须向中央银行交存更多的准备金,则商业银行用于发放贷款和投资的货币将会减少,货币供应量也随之减少;当经济出现衰退时,中央银行通过降低存款准备金率来增加货币供应量,进而刺激经济发展。存款准备金率降低意味着商业银行向中央银行交存的准备金变少了,则商业银行用于发放贷款和投资的货币将会增加,货币供应量也随之增加。

但是,中央银行较少使用法定存款准备金率这一工具,主要有以下两个方面的原因:一是法定存款准备金率调整的效果非常猛烈,微小的调整可能会引发货币供应量较大的波动;二是频繁地调整法定存款准备金率会影响商业银行正常的管理,不利于货币市场的稳健发展。

表 10-1 我国存款准备金率历年调整一览表(1987—2012 年)

次数	时间	调整前	调整后
1	1987 年	10%	12%
2	1988 年 9 月	12%	13%
3	1998 年 3 月 21 日	13%	8%
4	1999 年 11 月 21 日	8%	6%
5	2003 年 9 月 21 日	6%	7%
6	2004 年 4 月 25 日	7%	7.5%
7	2006 年 7 月 5 日	7.5%	8%
8	2006 年 8 月 15 日	8%	8.5%
9	2006 年 11 月 15 日	8.5%	9%
10	2007 年 1 月 15 日	9%	9.5%
11	2007 年 2 月 25 日	9.5%	10%
12	2007 年 4 月 16 日	10%	10.5%
13	2007 年 5 月 15 日	10.5%	11%
14	2007 年 6 月 5 日	11%	11.5%
15	2007 年 8 月 15 日	11.5%	12%
16	2007 年 9 月 25 日	12%	12.5%
17	2007 年 10 月 25 日	12.5%	13%
18	2007 年 11 月 26 日	13%	13.5%
19	2007 年 12 月 25 日	13.5%	14.5%
20	2008 年 1 月 25 日	14.5%	15%
21	2008 年 3 月 25 日	15%	15.5%
22	2008 年 4 月 25 日	15.5%	16%
23	2008 年 5 月 20 日	16%	16.5%
24	2008 年 6 月 25 日	16.5%	17.5%
25	2008 年 9 月 25 日	(大型金融机构)17.5%	17.5%
		(中小型金融机构)17.5%	16.5%
26	2008 年 10 月 15 日	(大型金融机构)17.5%	17%
		(中小型金融机构)16.5%	16%
27	2008 年 12 月 5 日	(大型金融机构)17%	16%
		(中小型金融机构)16%	14%

续表

次数	时间	调整前	调整后
28	2008年12月25日	(大型金融机构)16%	15.5%
		(中小型金融机构)14%	13.5%
29	2010年1月18日	(大型金融机构)15.5%	16%
		(中小型金融机构)13.5%	—
30	2010年2月25日	(大型金融机构)16%	16.5%
		(中小型金融机构)13.5%	—
31	2010年5月10日	(大型金融机构)16.5%	17%
		(中小型金融机构)13.5%	—
32	2010年11月16日	(大型金融机构)17%	17.5%
		(中小型金融机构)13.5%	14%
33	2010年11月29日	(大型金融机构)17.5%	18%
		(中小型金融机构)14%	14.5%
34	2010年12月20日	(大型金融机构)18%	18.5%
		(中小型金融机构)14.5%	15%
35	2011年1月20日	(大型金融机构)18.5%	19%
		(中小型金融机构)15%	15.5%
36	2011年2月24日	(大型金融机构)19%	19.5%
		(中小型金融机构)15.5%	16%
37	2011年3月25日	(大型金融机构)19.5%	20%
		(中小型金融机构)16%	16.5%
38	2011年4月21日	(大型金融机构)20%	20.5%
		(中小型金融机构)16.5%	17%
39	2011年5月18日	(大型金融机构)20.5%	21%
		(中小型金融机构)17%	17.5%
40	2011年6月20日	(大型金融机构)21%	21.5%
		(中小型金融机构)17.5%	18%
41	2011年12月5日	(大型金融机构)21.5%	21%
		(中小型金融机构)18%	17.5%
42	2012年2月24日	(大型金融机构)21%	20.5%
		(中小型金融机构)17.5%	17%
43	2012年5月18日	(大型金融机构)20.5%	20%
		(中小型金融机构)17%	16.5%

根据上表信息,我们可以看出 2007 年以来,我国存款准备金率调整如此频繁,并且直到 2008 年 6 月继续上调,这在央行宏观调控历史上是非常罕见的。被成熟市场经济视为"巨斧"的存款准备金率在我国频繁使用主要是由于以下四个方面的原因:

(1) 流动性过剩

2007 年,造成我国流动性过剩的一个突出原因是外汇快速流入我国市场,一季度我国外汇储备增加迅猛,到 3 月末国家外汇储备已高达 1.7 万亿美元。持续增长的外汇储备的背后,是由于当前贸易顺差不断扩大。由于贸易顺差持续存在,外汇流入不断增加,央行购汇并为此放出大量基础货币进行对冲,越发加剧了银行体系的流动性问题。

(2) 贸易顺差矛盾突出

2007 年我国国际收支的顺差主要是来自于国际贸易的顺差,大量外汇流入过快,加上超常准的外汇储备,导致矛盾明显。高额的外汇储备一方面意味着我国有着充裕的国际支付能力;另一方面,与日俱增的中国外汇储备也为一些国家提供了压制中国贸易的口实,可能会造成更多的贸易摩擦。

(3) 固定资产投资过热

我国投资过热的状况尽管不会导致严重通货膨胀的发生,但是这种投资增长不是因为经济结构调整带来的经济效益提高的结果。当前投资的增长所引起的生产能力提高并不能保证未来有效需求的相应提高,这将是非常危险的信号。而投资过热还会导致资本对劳动的替代。

(4) 信贷规模激增

信贷规模高增长有来自于宏观经济体的原因,也有来自于商业银行体系的原因。此轮经济周期景气依旧,主要来自于微观经济主体对于投资和消费的信贷需求巨大。同时股市投资需求也加大了这种信贷需求,企业或个人通过抵押贷款融出资金进入股市的规模不可小视。而当前商业银行资产整体流动性依然充足,由于信贷投放的基础较大,商业银行信贷投放的速度过快,在贷款需求增大的背景下,信贷高增速难以逆转。

2. 再贴现率

首先要了解什么是贴现率,贴现率是指企业把商业票据卖给银行时银行收取的利率。企业在交易中经常会以"应收账款"的方式向买方提供短期资金融通,即买方收了货物,但是不会当场付钱。这实质上是卖方借了一笔相当于货款的资金给买方,借款期为三个月、六个月等,买方会开一张商业票据给卖方,并在票据上注明货款的金额、付款日等信息,这在卖方的会计分录上为"应收票据"。如果卖方在付款日之前急需用钱,卖方可以将票据卖给银行,由银行在付款日要求买方兑付,这种行为称为"贴现"。银行既然买下了这张商业票据,就会把票面金额打个折扣付钱给卖方(未到期),并且银行实际付款与票面金额之差是利息,银行相当于贷款给卖方,贷款利息称为"贴现率",所以,贴现率本质上是企业向银行贷款的利率。

如果商业银行急需用钱,可以向中央银行借钱,因为中央银行是"最后的贷款人"。再贴现相当于商业银行拿着企业卖给它的商业票据再卖给中央银行。中央银行贷款给商业银行同样要收取利息,其利率便是"再贴现率"。因此,再贴现率是中央银行贷款给商业银行的利率,根据该利率,银行和其他金融机构可以向中央银行通过票据贴现的方式借取准备金。

中央银行通过调整再贴现率来影响资金成本,进而控制流通中的货币供应量。当经济发展过热,中央银行认为需要减少货币供应量,可以通过提高再贴现率来实现。再贴现率提高意味着商业银行向中央银行借款的成本增加,则商业银行会减少向中央银行借款,同时商业银行再贷款给企业所收取的利率也会相应提高,从而缩小银行的信贷规模,货币供应量也随之减少;当经济出现衰退时,中央银行通过降低再贴现率来增加货币供应量,进而刺激经济发展。再贴现率降低意味着商业银行向中央银行借款的成本下降,这会鼓励商业银行增加向中央银行的借款数量,同时商业银行也会降低再贷款给企业所收取的利率,从而扩大银行的信贷规模,货币供应量也随之增加。

但是贴现率对货币供给量的影响比人们想象的要小得多。因为贴现率不是一个具有主动性的政策:一方面,如果商业银行不向中央银行借款,贴现率的变动就没有效果;另一方面,当商业银行十分缺乏准备金时,即使贴现率很高,商业银行依然会从贴现窗口借款。

我国的再贴现业务始于1986年。1984年,中国人民银行发布《商业汇票承兑、贴现暂行办法》,先在部分城市而后在全国范围内开展商业汇票承兑和贴现业务。1986年,中国人民银行上海分行开办了再贴现业务。1988年,中国人民银行首次公布再贴现率,比同期金融机构贷款利率低5~10个百分点。由于我国商业票据不发达,贴现业务开展的时间不长,因此,中国人民银行的再贴现规模一般比较小。

3. 公开市场业务

公开市场业务是指中央银行在金融市场上以公开买卖有价证券(主要是外汇、政府证券、央行票据等)的方式放出或回收货币,进而调节货币供给量的行为。央行通过买卖有价证券,影响银行体系的准备金和货币市场的供求状况,从而影响货币供给量和利率水平。当经济发展过热,中央银行认为需要减少货币供应量,可以通过卖出有价证券来实现。中央银行通过向投资者出售有价证券使部分货币回笼,减少市场中的货币流通量;当经济出现衰退时,中央银行通过买入有价证券将货币投放到市场,增加货币供应量,进而刺激经济发展。此外,中央银行买入有价证券会引起证券价格上升或利率下降,反之,中央银行出售有价证券会导致证券价格下降或利率上升。

公开市场业务是央行最主要的货币政策工具,因为运用这种政策手段能够比较准确而又及时地控制银行体系的准备金和货币供给量。相对于存款准备金率以及再贴现率,公开市场业务有以下三个优点:第一,主动性。中央银行可以充分控制操作规模,有较大的主动权,避免了贴现机制的"被动等待"。第二,灵活性。中央银行多买少卖或多卖少买都是可以的,对货币供给量既可以进行"微调",也可以进行各种不同幅度的调整,具有较大的弹性,避免了存款准备金率调整的震动效应。第三,时效性。当中央银行发出购买或出售有价证券的意向时,只要公开市场处于开市状态,交易可以立即执行。公开市场业务还可以经常、连续地操作,必要时还可以逆向操作,即由买入转为卖出,使该项政策工具不会对整个金融市场造成太大的波动。目前,世界各国的货币政策主要都是通过公开市场业务来执行。

【思 考】

中央银行在证券市场买入证券,货币供给量会发生什么变动?

表 10-2　一般性的货币政策工具及其操作情况

政策工具＼经济形势	通货膨胀 （总需求＞总供给）	经济萧条 （总需求＜总供给）
存款准备金政策	提高法定存款准备金率	降低法定存款准备金率
再贴现政策	提高再贴现率	降低再贴现率
公开市场业务	卖出证券，回笼基础货币	买进证券，投放基础货币

三、货币政策的缺陷

1. 效力的不对称性

货币政策的效力存在明显的不对称性，在经济萧条时期，实施扩张性货币政策对刺激总需求的效果不大，此时，货币投机需求对利率的反应变大，人们对经济前景很悲观，即使中央银行增加货币供给量，利率降低的幅度很小，尤其是当经济陷入流动性陷阱，货币供给量增加再多，利率也不会降低，扩张性货币政策对拉动投资和增加国民收入的作用非常微弱。1988 年，我国经济一度出现有效需求不足，为防止经济陷入严重困境，央行 7 次大幅度降息并且降低存款准备金率，但刺激经济的效果均不显著。

反之，在通货膨胀时期，实施紧缩性的货币政策抑制总需求过热发展的效果非常显著，因为此时货币投机需求对利率的反应变小，中央银行减少货币供给量会使 LM 曲线向左移动，利率上升，从而使得私人投资和国民收入大幅度减少。

2. 货币政策的时滞

货币政策的时滞是指中央银行决定采取某种货币政策后到这项政策完全发挥作用的时间间隔，主要包括内部时滞和外部时滞。

就财政政策与货币政策的时滞长短比较而言，内在时滞只涉及经济问题的发现与对策研究，这对财政政策和货币政策来说大体一致。因此，就内在时滞而言，无法确定这两种政策孰优孰劣。但是，就外在时滞来说，财政政策的优势较货币政策而言较为明显。一般来说，财政政策的决策时滞较长，因为财政政策措施要通过立法机构，经过立法程序，比较费时；相比之下，货币政策可由中央银行的公开市场业务直接影响货币数量，时滞比较短。就执行时滞来看，财政政策措施在通过立法之后，还要交付给有关执行单位具体实施；而货币政策在中央银行决策之后，可以立即付诸实施。因此，财政政策的执行时滞一般比货币政策要长。但是，从效果时滞来看，财政政策就要优于货币政策。由于财政政策工具可以直接影响社会的有效需求，从而使经济活动迅速做出有力的反应；而货币政策主要是影响利率水平的变化，通过利率水平变化引导经济活动的改变，不会直接影响社会有效需求。因此，财政政策的效果时滞比货币政策要短。总之，就时滞方面来看，很难比较财政政策与货币政策的有效性。在研究这两种政策的时滞问题时，一定要根据不同的客观经济环境和不同政策的各种时滞加以比较，才能做出正确判断，选择有效的政策措施。

【课后练习】

一、简答题

1. 什么是财政政策的挤出效应？为什么会产生挤出效应？
2. 什么是货币政策，常见的货币政策工具有哪几种？
3. 公开市场业务是如何影响货币供给量？

二、计算题

1. 假定法定存款准备金率为 10%，超额准备金率为 8%，计算：

   (1) 货币乘数；

   (2) 增加基础货币 500 万元时，货币供给量变动多少。

2. 假设货币需求 $L = 0.20Y - 10r$，货币供给 $M = 200$，消费 $C = 60 + 0.8Y_d$，税收 $T = 100$，投资 $I = 150$，政府支出 $G = 100$。计算：

   (1) 均衡收入、均衡利率以及投资；

   (2) 政府支出从 100 增加到 120 时的均衡收入、均衡利率以及投资；

   (3) 挤出效应的大小。

第十一章
失业与通货膨胀

前面几章介绍了一个最简单的宏观经济长期均衡模型。在模型里,我们假定在一个封闭的非货币经济中,资本存量、劳动力和技术都是不变的,并且劳动力全部被雇用,不存在失业现象。这一假定只是为了简化分析,而现实的宏观经济运行相当复杂,上述前提往往是不能满足的。在这一章里,我们就来考察劳动力资源闲置的情况。

失业问题一直是宏观政策制定者和公众关注的焦点。对整个社会而言,失业意味着人力资源的浪费,如果能够充分利用这部分生产要素,全社会的产出水平能得以提高;对失业者个人而言,失业意味着生活质量的下降,因此失业也是一个重要的社会问题。降低失业率一直以来都是宏观政策的主要目标之一。失业与通货膨胀是当代经济中存在的主要问题。不管是发达国家还是发展中国家都不同程度上存在着失业与通货膨胀的问题。这一章是运用国民收入决定理论来分析失业与通货膨胀的原因及其相互关系,实际上还是从总需求的角度来分析失业与通货膨胀问题,为政府制定有关经济政策提供理论基础。

第一节 失业理论

失业是头号经济问题。失业,意味着没有固定家庭收入,生活容易陷入困境,贫困的生活会让人焦虑,容易使人患病。如果生活没有阳光,居民必然会对社会不满。政府同样最怕失业。因为失业人增多后,容易酝酿社会动荡。"大萧条"很可怕,也是因为失业人太多了。

一、失业的含义与分类

1. 失业的含义

什么是失业呢?经济学中讲的失业和日常生活中的失业不同。平时我们习惯把没工作、没活干的叫失业。经济学里,失业有严格的定义。经济学里讲的失业是指凡在一定年龄范围内愿意接受现行工资条件而没有工作,并正在寻找工作的劳动力。这里有几个地方需要注意:

第一,一定的年龄范围内的劳动力。各国对工作年龄范围都有不同的规定。在美国,工作年龄是16~65岁。在中国,工作年龄女的是16~60岁,男的是16~65岁。未成年人与退休人员都不算是劳动力范畴。劳动力是指有劳动能力的人,包括正在从事有报酬的劳动,即就业的人,以及失业的人。罢工或者生病在家也算就业者。残疾人、退休人、全日制在校学生、军人以及在家专门做家务的人都不算失业者。

第二,接受现行工资条件,但是找不到工作。厂商提供的工资待遇接受但是找不到工作,用什么来证明正在工作呢?比如出示一下找工作用的简历,或者说出去应聘过的公司的名字等。有些人有工作能力，就是不去工作，比如有些人有足够的资产不必去辛苦干活。如果对现行工资满意，仍然找不到工作，经济学中称为自愿失业。

衡量一个社会中失业状况的基本指标是失业率。失业率是指失业人数占劳动力总数的百分比，用公式表达为：

$$失业率 = \frac{失业人数}{劳动力总数} \times 100\%$$

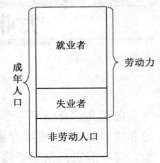

其中劳动力包括就业者和失业者。失业率是一个国家的痛苦指数。一个国家的失业率和其他公民所感受到的痛苦息息相关。当一个国家的失业率很高时，代表其国人们的痛苦度很高，到了不可忍受时，就可能出现不可预料的动乱。形象一点说，假如国家像一个人的话，失业率就像其身上的创伤。当创伤过大时，就可能导致不治。

表 11-1　2010 年至 2015 年我国失业统计数据

	2010 年	2011 年	2012 年	2013 年	2014 年	2015 年
城镇登记失业人数(万人)	908	922	917	926	952	966
城镇登记失业率(%)	4.1	4.1	4.1	4.1	4.1	4.1

2. 失业的分类

（1）摩擦性失业

经济中摩擦失业是由于正常劳动力流动引起的。生产过程中难以避免的由于转业等原因而造成的短期、局部性失业。例如，你本来在武汉工作，后来决定去北京工作，不能保证一到北京就有事情做，而是需要等待一段时间。在这一段时间就处于失业状态，所以属于摩擦性失业。

对于家庭和个人，是过渡性的。

（2）结构性失业

由于劳动力市场结构的特点，劳动力的流动不能适应劳动力需求变化所引起的失业。由于经济结构的变化（如有些部门生产效率高，有些部门生产效率很低；有些行业是新兴行业，而有些行业是夕阳行业）要求劳动力的流动能迅速适应经济发展的变化，这时往往是"失业与职位空位"并存。例如一批人原来是做煤油灯的，后来发明了电灯。煤油灯没有人用了，所有造煤油灯的工人都失业了。尽管工厂需要做电灯的工人，煤油灯工人不会一下子就转换成电灯工人。这段时期，煤油灯工人就处于失业状态。这是社会所需要的人跟找工作的人不匹配造成的。

以上两类失业，在任何社会、任何状况下都会存在，是不能消除的。而且这两类失业很难区分，一个人从一个地方到另一个地方，往往很难区分是摩擦性失业还是结构性失业。所以，经济学家不刻意区分这两类失业，而是把它们统称为"自然失业"。如果一个社会的失业率接近自然失业率水平，就说明这个社会达到了"充分就业"水平。

充分就业意味着经济中依然存在一定的失业，这种失业不仅是不可避免，而且很有必要。这种失业的存在能作为后备军随时满足经济对劳动的需求，能作为对就业者的威胁提高工作效率。同时，各种福利的存在可以使得一部分失业者满足基本生存需求，不会对社会产生很大的威胁和动荡。

(3) 隐蔽性失业

除了上述两类失业之外,经济中往往还存在另一种失业叫隐蔽性失业。隐蔽性失业是指表面上有工作,实际上对生产并没有做出贡献的人。即有"职"无"工"的人。或者说,这些工人的边际生产力为零。当经济中减少就业人员而产量仍没有下降时,就存在隐蔽性失业。例如,一个经济中有6 000万工人,减少600万工人就业国民生产总值并没有减少,则经济中存在10%的隐蔽性失业。因此消除这种隐蔽性失业对提高经济效率是十分重要的。

(4) 周期性失业

周期性失业也称为需求不足的失业,是凯恩斯所说的非自愿失业。凯恩斯把总需求分为消费需求和投资需求,消费需求数量主要受国民收入和边际消费倾向的影响。凯恩斯提出边际消费倾向是递减的,亦即国民收入增加,消费增加,但是消费增加的速度赶不上收入增加的速度,从而导致消费需求不足;投资需求主要受资本边际效率和利率的影响,如果资本边际效率大于利息率,则利润增加,投资增多,相反,如果资本边际效率小于利息率,则利润减少,投资减少,但是资本的边际效率是递减的,投资需求是不足的。消费不足和投资不足造成了有效需求不足,从而导致非自愿失业,即周期性失业。

失业的最大代价是产出的损失,经济学家阿瑟·奥肯曾提出了经济周期中失业与产出之间的经验关系,奥肯定律说明失业率每额外变动1%,GDP就会反向变动2%。同时失业也就有重大的分配后果。例如,那些不幸赶上衰退期间毕业的大学生开始其工作生涯时,将面对极大的困难,同样是这些学生,如果运气好恰好在经济繁荣时期毕业,他们很快就会开始其职业生涯。刚刚进入劳动力队伍的工人、青少年以及城市贫民区的居民,是失业增加时最容易受到伤害的一个群体。

【阅　读】11-1

我国"民工荒"观察

20世纪90年代初,南下"民工潮"潮涨潮落,求职的民工源源不断,给东南沿海企业提供了大量廉价的劳动力,促进了东部地区经济的发展。但是,出人意料的是,10年之后,"民工荒"成为东部地区企业发展的困扰。我国"民工荒"程度如何?对经济将产生怎样的影响?这些问题值得我们深思。

(一)"民工荒"形成的背景

从2004年开始,我国沿海发达地区就出现了"民工荒",特别是珠三角和闽南地区,从事基础作业操作的一线工人缺口非常大。有些企业为了招工,不断提高生产工人的报酬及各种福利待遇,在其招聘广告中所列出的薪资条件是民工以前不敢奢望的,但是,即使待遇提高了,很多民营企业的劳动力需求还是无法得到满足。2004年发布的《关于民工短缺的调查报告》指出,2004年,企业缺工主要发生在珠三角、闽东南、浙东南等加工制造业聚集地区,重点地区估计缺工10%左右,严重短缺的主要是18至25岁的年轻女工和一定技能的熟练工。广东的1 900多万民工主要集中在珠三角地区,但是该地区正是缺工最为严重的地区,据当地劳动保障部门调查和一些专家估计,有近200万人的缺口,缺工率约为10%。其中,深圳有民工420万,缺口约40万。东莞对1.5万家使用外来劳动力的企业进行了调查,17%的企业表示存在用工短缺问题,缺口近27万人。福建泉州、莆田两市用工缺口共约10万人。浙江温州等用工较多的城市也反映存在不同程度的招工难问题。

(二)"民工荒"对沿海地区经济的影响

一线工人的短缺给企业正常的生产经营产生了很严重的影响。我国沿海地区大部分企业主要从事劳动密集型产品的生产,而且很多产品直接用于出口。外出打工人员的减少使得这些企业工人数量下降,很多民营企业为了解决这个问题,只能实行"三班倒"工作制度,硬性延长工人的劳动时间。民工的短缺导致工人的工资增加,企业的生产成本上升降低了出口竞争优势,企业的利润空间缩小。

"民工荒"是一把双刃剑,对本地经济也存在一定有利的影响。一是可以促进沿海地区劳动密集型企业的转型,加快产品的升级换代,提升整个地区的经济发展能力和竞争能力。企业开始思考如何改变过去那种劳动密集型生产方式,提高企业生产的自动化程度,增加产品的科技含量,提高员工的文化素质,增强企业的竞争能力。二是促进企业员工工资待遇的提升。随着多媒体的普及,民工荒事件的不断曝光,社会开始对民工的工资、工作环境、居住环境、福利待遇等日益重视,民工问题也引起了社会的广泛关注。三是提高企业职工的工资集体谈判意识,促进有关法律规章制度的完善。

(三)"民工荒"形成的原因

1. 经济增长模式的原因

长期以来,沿海地区很多民营企业主要运用廉价劳动力的低成本扩张和粗放的经济增长模式,要从根本上解决"民工荒"问题,企业生产就要升级,必须由粗放型向技术型转变,由高污染高耗费向资源效益型转变,才能从根本上解决企业一味依靠廉价劳动力和低档次产品经营发展的不良局面。

2. 体制或者制度的原因

地方政府为了追求高GDP,盲目发展产业,而这些产业在吸纳劳动力就业上效果不明显。比如,有些地方政府先以很低的价格将土地征收过来,再以很贵的价格卖出去,在这个批发过程中,利润被流通环节赚取,土地价格被扭曲。这些年来,我国资本密集型和劳动节约型产业得到了极大发展,但是对劳动力的吸纳能力大大降低。

3. 劳动力市场不完善。我国劳动力市场缺乏健全的法律基础设施和雇佣制度。由于此前劳动力市场供过于求和工人缺乏谈判能力,民工不得不接受恶劣的工作环境和不平等的工资福利待遇,再加上劳动力在地理上的分割以及劳动力拥有的信息不对称现象,在一定程度上导致了民工短缺。所以政府要疏通求职和用工渠道,建立一个安全、有信誉保证的劳动就业体系;下大力气搞好劳动力资源和岗位的信息,收集建立人力资源信息库,提高用工的组织化水平,减少企业招工成本和求职成本。

第二节 通货膨胀

通货膨胀是一种货币现象,因此对通货膨胀的介绍从货币开始。

一、通货膨胀的含义

列宁(1870—1924)曾说过,捣毁资本主义最好的办法是破坏它的货币。第二次世界大战期间,英国曾在德国上空投放假马克,德国也在伦敦上空投放大量假英镑,日本曾经在中国建造过假币工厂。

当一个经济中的大多数商品和劳务的价格连续在一段时间内普遍上涨时,宏观经济学就称这个经济经历着通货膨胀。

通货膨胀通常用 CPI(Consumer Price Index 的缩写),也就是消费者价格指数的变动表示。当 CPI 上升超过一定程度,表明经济中出现了通货膨胀。

CPI 怎样计算呢?它是由一个国家的统计部门或者研究机构,选择若干(一般是几百个)城市居民有代表性的消费品(比如用五粮液代表白酒,用苹果手机代表所有手机等),跟踪、记录这些商品的市场价格变动,并且选取有代表性的家庭,跟踪他们的购买行为,计算得来。

$$物价指数 = \frac{\sum P_t q_t}{\sum P_0 q_t} \times 100$$

在上式中,P_0,P_t 分别表示基期的价格和当期的价格,q_t 表示当期的商品数量。

例如:2014 年,这些家庭购买代表性商品的平均花费为 5 000 元人民币,2015 年,同样的家庭,购买同样多的同种类型商品平均花费是 5 500 元人民币。假如把 2014 年作为基期,把 2014 年的 5 000 定义为没有单位的指数 100,则 2015 年的物价指数就是(5 500÷5 000)×100 = 110。接下来我们可以用这两个指数,计算通货膨胀率。通货膨胀率衡量的是从一个时期到另一个时期价格水平变动的百分比。则 t 时期的通货膨胀率可以表示为 $\pi_t = \frac{当期-基期的物价指数}{基期的物价指数} \times 100\%$,上面这个例子计算出来的 2015 年的通货膨胀率为 10%,即 2015 年的通货膨胀率用 CPI 计算的结果为 10%。

下面我们以图表的形式给大家展示计算 CPI 的步骤。

国家统计局为了计算 CPI,需要收集成千上万种物品和劳务的价格。为了简化对这些数字的计算过程,我们假设消费者只购买猪肉和酱油这两种物品。

第一步:固定篮子

首先要把对消费者最重要的物品选入篮子内。由于猪肉比酱油重要,所以猪肉选了 4 斤,而酱油只选两瓶。

第二步:找出每年每种物品的价格,我们模拟一组数据。

年份	猪肉的价格	酱油的价格
2013	12	12
2014	14	14
2015	16	15

第三步:计算购买整篮物品的费用。

年份	购买整篮子物品的费用
2013	（每斤猪肉 12 元×4 斤猪肉）+（每瓶酱油 12 元×2 瓶酱油）=72 元
2014	（每斤猪肉 14 元×4 斤猪肉）+（每瓶酱油 14 元×2 瓶酱油）=84 元
2015	（每斤猪肉 16 元×4 斤猪肉）+（每瓶酱油 15 元×2 瓶酱油）=94 元

第四步：选择基年并确定消费者物价指数（选择 2013 年作为基年，把每一年的物品与劳务的价格除以基年物品与劳务的价格，乘以 100%，就可以得到 CPI）。

年份	消费者物价指数
2013	（72 元/72 元）×100%=100%
2014	（84 元/72 元）×100%=117%
2015	（94 元/72 元）×100%=131%

知道了 CPI，就可以计算出每年的通货膨胀率。通过计算可以得出 2014 年的通货膨胀率为 17%，2015 年的通货膨胀率为 31%。

当然用 CPI 计算的并不是严格意义上的通货膨胀，因为通货膨胀包括所有的商品价格上涨的程度，而 CPI 仅仅包括消费品的价格，不包括生产资料，但生产资料价格的上涨最终会反映在消费品的价格上，所以，CPI 计算的通货膨胀可以在很大程度上代表经济中的通货膨胀。除此之外还有另外两类价格指数应该注意：

第一，批发价格指数，是衡量各个时期生产资料与消费资料批发价格变化的指标。

第二，国民生产总值折算数，是衡量各个时期一切商品与劳务价格变化的指标。

【阅读】11-2

日本经济的"流动性陷阱"

20 世纪 80 年代以来，日本泡沫经济破灭，带来了 10 年的经济低迷，被称为日本经济"失去的 10 年"。在此期间，日本政府奉行低利率政策，20 世纪 90 年代中期实际利率接近零，真正陷入"流动性陷阱"，接下来我们将探讨"流动性陷阱"对日本经济的影响，日本政府采取怎样的对策，效果如何，对我国经济又有怎样的借鉴意义。

（一）日本经济陷入"流动性陷阱"的过程

20 世纪 80 年代，随着日本国际收支顺差的大量增加，日元升值的压力逐渐加大，1985 年，美国、日本、英国、法国、联邦德国为了解决美元高估及美国巨额的贸易赤字问题，在纽约的广场饭店，签订了《广场协议》，旨在通过国际协调促进美元贬值，美元兑日元的汇率从 1985 年 9 月的 1∶240 一直降到 1∶150。美元贬值使得日本出口受到严重打击，从而引发了一段"日元升值不景气"。在相关利益集团的压力下，日本央行持续采取了货币扩张政策，导致货币供应量急剧增加，利率严重偏低。大量的货币涌入资本市场，为企业生产提供了廉价资本，与此同时，许多日本的大公司通过伦敦证券市场大量发行可转换债券和附带认股权的欧洲债券，筹集到大量廉价的海外资金。由于实行扩张性的货币政策，1989 年和 1990 年，日本经济增速分别达到 4.8%和 5.1%。

随着经济的快速增长,企业利润增加,经济体中大量的过剩资本流入到证券市场进行土地投机,使得股票和土地价格迅速上升,从而经济泡沫急剧膨胀。同时,金融机构自身也积极参与股票和土地的投机活动,从而为泡沫崩溃后金融机构形成大量不良债权埋下恶果。1990年初,日本股市达到顶峰,日经指数从3.9万点高位飞流直下;随后的一年,日本房价也达到顶峰。在此之前的1989年,日本央行已有紧缩货币之意,1991年,日本货币政策紧缩银根,基准利率飙升至6%以上,至此,日本经济进入长达10年的"流动性陷阱"。

(二)日本应对"流动性陷阱"的政策措施

1. 财政政策。1992年,日本政府为恢复经济采取了前所未有的扩张性政策。1992年—1995年,政府连续采取了6次刺激经济的财政措施,同时配合扩张性的货币政策,有效遏制住了挤出效应,对经济复苏起到了一定的作用。但是,桥本内阁错误地认为日本已经走出了经济周期的谷底,不合时宜推出了财政紧缩政策,严重影响了日本的经济复苏。消费税的开征严重遏制了消费支出的增加;税收的提高使企业的盈利状况恶化。小渊内阁上台后,为刺激经济复苏,又采取扩张政策。反复无常造成了经济的波动,并最终加剧了通货紧缩。

2. 货币政策。从1992年到1999年,连续几次降低贴现率,公定贴现率降为0.03%,实行事实上的零利率政策。日本银行担心长期放松的货币政策导致通货膨胀和泡沫经济的重演,于是在2000年8月将同业拆借利率由0.03%调制0.25%,,经济出现滑坡。为了克服通货紧缩,刺激内需,日本政府采取了极度的扩张性政策,2001年连续四次下调贴现率,再次进入"零利息率"时代,经济有所恢复。

(三)如何避免"流动性陷阱"

第一,稳定的汇率政策。日元长期升值的预期使日本利率低于美国,当日本银行为了刺激经济而降低利率时,很容易陷入"流动性陷阱",因此,消除日元长期升值的预期、稳定日元的币值,有助于使日本经济跳出"流动性陷阱"。第二,稳健的货币政策。日本的货币政策变动频繁且不连贯,对日本经济的刺激都是短暂的,并且收效甚微,因为日本的经济问题不是简单的总需求不足的问题,而是结构和制度问题,这个对中国也有重要的启示。当前,我国结构性矛盾和体制性矛盾也是我国经济运行的深层次矛盾,同样不能简单地依靠货币政策解决。

(参考:李晓西.宏观经济学案例[M].北京:中国人民大学出版社,2006)

二、通货膨胀的影响

通货膨胀是一个需要密切关注的宏观经济问题,它对经济产生的影响分为两个部分:可预期的通货膨胀和不可预期的通货膨胀。

1. 可预期的通货膨胀的影响

(1)菜单成本。大多数企业并不是每天变动其产品的价格。相反,一旦企业公布了其产品价格,则在几周、几个月甚至几年都不会变动很大。这是因为企业变动其产品的价格是有成本的。这些成本叫做菜单成本。菜单成本包括决定新价格的成本、印刷新清单和目录的成本,把这些新价格表和目录送给中间商和顾客的成本,为新价格做广告的成本等。所以,有的时候即使高通货膨胀可以完全预期到,企业也不会频繁地变动商品的价格。

(2)鞋底成本。从理论上说,在高通货膨胀之下,名义利率相应也会提高以应对价格水平的上升。那么把现金放在口袋里的成本就更高了,因为现金放在口袋里没有任何利息。假如通货膨胀使得名义利率从5%上升到7%,放在口袋里的现金如果放在银行可以赚取2%的利息,这可能会促使你去一趟银行把现金存在自己的银行账户里。但是往返银行的路上要花费时间和汽油钱,还要承担汽车的磨损费用,我们把这些称之为鞋底成本。当然我们不能只从字面上理解这个术语。为了应对通货膨胀,人们要牺牲时间与便利。

(3) 税收扭曲。在现实中,税率往往很难对预期的通货膨胀做出充分的调整,这会对经济中的当事人产生一种成本。例如,某人1980年以10美元的价格买进了微软公司的股票,2010年以50美元的价格卖出该股票。按美国的税法,资本的收益要计算到个人的收入当中,也就是要对其中的40美元征税。但是1980年到2010年物价水平翻了一倍,也就是1980年的10美元相当于2010年的20美元,这项投资的实际资本收益只有30美元。然而税法并不考虑通货膨胀,而是对该人的40美元收益征税。因此,通货膨胀扩大了资本的收益规模,无形中增加了纳税人的负担。

2. 不可预期的通货膨胀的影响

上述说到可预期的通货膨胀成本可能是巨大的,但是意料之外的通货膨胀成本甚至更高。

(1) 财富再分配效应

首先,通货膨胀不利于依靠固定货币收入维持生活的人,如领取救济金、退休金、依靠转移支付和福利支出的人。依靠工资生活的长期被雇佣者,工资变化很缓慢。

其次,通货膨胀对于储蓄者是不利的。在通货膨胀下各种形式的储蓄、存款的实际价值将下降。同样,像保险金、养老金以及其他固定价值的证券财产等,本来是作为防患于未然和养老之用,在通货膨胀中,实际价值也会下降。例如,某人在1969年买进30年到期的政府债券,预期1999年到期,按不变的购买力收回本金,最终他收到100美元的本金,但其购买力只相当于1969年的20美元。再比如,某个人在1969年退休,领取固定金额养老金,发现他的收入仅能购买退休时1/5的东西。如果通货膨胀不能预期的话,价格水平上升近5倍,将财富从债权人手中转移到债务人那里,从养老金领取者手中转移到企业那里。

再次,通货膨胀导致债务人和债权人之间发生收入再分配的作用。通货膨胀靠牺牲债权人的利益而使债务人获利。例如,甲向乙借款5万元,一年以后归还,假定借贷双方都没有预期到通货膨胀的影响,如果这段时间物价水平上升10%,那么一年以后甲归还乙的5万块钱就相当于是4.5万。所以在借贷过程要考虑的是实际利率,实际利率是等于名义利率减去通货膨胀率。如果名义利率为10%,而通货膨胀率为20%,则实际利率就是-10%。若名义利率为10%,通货膨胀率为5%,则实际利率为5%。

(2) 相对价格变动性增加导致资源的不当配置

对于企业来讲,当通货膨胀不可被预期到时,设定价格不那么频繁变动的企业,随着时间的流逝,它们的产品相对价格变得更加不适当了。但是如果通货膨胀可以被预期到,则企业可以通过制订计划以最小的成本减少企业的损失。例如,假定通货膨胀率为15%,而企业预期的通货膨胀率为10%。当企业提价10%时,它可能会发现自身的产品价格相对便宜,需求暂时高于预期,从而扩大生产规模,增加生产。但是实际上该产品的长期需求没有上升。如果企业理解这一点,它也许不会扩大生产。因此,高于预期的通货膨胀可能导致生产过剩。

相反,现在假定通货膨胀率为5%,企业预期的通货膨胀率为10%,此时企业把价格提高10%时,由于自身的商品相对变贵了,需求下降,从而削减生产。但是该产品长期需求实际并没有下降。该企业产品的相对价格只是暂时上升。这样企业就可能做出错误的生产决策。因此,未预期到的通货膨胀有可能急剧增加相对价格的变动性,带来经济的低效率和资源的不当配置。

三、通货膨胀产生的原因

关于通货膨胀的原因,西方经济学家提出了种种解释,可以分为三个方面:第一个方面为货币数量论的解释,这种解释强调货币在通货膨胀过程中的重要性;第二个方面是用总需求与总供给来解释;第三个方面是从经济结构因素变动的角度来说明通货膨胀的原因。下面依次来说明。

1. 货币数量论的观点

货币数量论在解释通货膨胀方面的基本思想是:每次通货膨胀都有货币供给的迅速增长。即"过多的钞票追逐过少的商品"。这一理论的出发点是如下的费雪交易方程式:

$$MV = Py$$

其中 M 为货币供给量;V 为货币流通速度,被定义为名义收入与货币量之比,即一定时期(如一年)平均一元钱用于购买最终产品与劳务的次数;P 为价格水平;y 为实际收入水平。MV 反映的是经济中的总支出,Py 为名义收入水平。由于经济中对商品与劳务支出的货币额即为商品和劳务的总销售价值,因而方程的两边相等。

对上式取自然对数:$\ln M + \ln V = \ln P + \ln y$

对时间 t 求微分:$dM/M + dV/V = dP/P + dy/y$

进一步变形:$dP/P = dM/M - dy/y + dV/V$

上式表明通货膨胀率等于货币增长率减去产出增长率加上货币流通速度变化率。可以看出通货膨胀率主要取决于三个变量:货币增长率、产出增长率、货币流通速度变化率。在长期内,实际产量的增长率是固定不变的。如果货币流通速度不变,则通货膨胀率主要取决于货币供给增长率的变化。比如,货币供给按每年8%的速度增长,且实际产量按每年4%的速度增长,则经济每年的通货膨胀率是4%。

【阅 读】 11-3

只有流通中的货币才能影响物价水平

膨胀的反义词就是紧缩,如果说货币数量多是通货膨胀的诱因,通货紧缩就应该是货币数量太少的结果。1998年和1999年我国M1的增长速度均在10%以上,可1999年是我国通货紧缩最严重的年份。原因很简单,真正诱导通货膨胀的是交易中的货币数量。如果增加的货币供给全部被储存起来没有被投入交易环节,这些货币就不足以影响物价水平。同样,我们在看问题时千万不要被表面的假象所迷惑,一定要寻找到真正的决定力量,射人先射马、擒贼先擒王就是这个道理。

2. 总需求拉动的通货膨胀

总需求包括四部分:消费需求,也就是家庭购买消费品;投资需求,即厂商购买投资品;政府购买,即政府的购买性支出;国外需求,也就是外国人对本国产品的(净)购买。

如果消费需求增加,由于劳动、原料、生产设备等的不足使得成本提高,从而引起价格水平的上涨。如果消费品的供给量不随即增加,就必然发生抢购,有人愿意出比现价更高的价格。卖者肯定愿意以更高的价格出售,于是消费品价格上升;如果企业对投资品的购买增加,投资品价格也同样上升;政府购买增加,既增加对消费品的购买,也增加对投资品的购买,同时促使它们的价格上涨;国外对本国产品的需求增加,在生产不能同步增加的情况下,会与国内的需求发生冲突,国内的供求差距进一步扩大,促进价格更大幅度上涨。

3. 成本推动的通货膨胀

成本推动的通货膨胀,又称成本通货膨胀或供给通货膨胀,是指在没有超额需求的情况下由于供给方面成本的提高所引起的一般价格水平持续和显著上升。成本是定价的基础,如果成本上升,价格不上升,利润就会下降甚至亏损,企业就有涨价的冲动。如果所有企业都面临成本上升的压力,价格水平上涨必然出现。这就是成本推动的通货膨胀。

历史上,石油价格上升,曾经引发过波及多国的通货膨胀。因为石油是基础能源,每个国家都需要,并且石油价格还影响它的替代品,即其他能源的价格,比如煤炭的价格就将随着油价上涨而上涨。如果能源涨价,所有企业的成本都会上升,所有的产品都会涨价。

工资也是企业成本的重要组成部分,如果工资上升不可避免,比如由于工会的力量强大,或者法律规定工资必须上涨(如最低工资法),企业就要提高产出的价格才能消化工资的上涨,否则就要亏损。

4. 预期引发的通货膨胀

预期是人们对未来的判断和猜测。预期是根据能获得的各种信息作出的。如果大家都预期明年的价格上涨5%,于是工资协议、购销协议都会上涨5%,工资和价格都会增加5%。结果,明年的价格就没有办法上涨5%。这叫"自我实现的预言"。一旦预期形成,价格就会持续上涨,称为惯性。

5. 结构性通货膨胀

西方经济学家认为,在没有需求拉动和成本推动的情况下,只是由于经济结构因素的变动,也会出现一般价格水平的持续上涨。把这种由于价格水平的上涨叫做结构性通货膨胀。

经济结构不平衡引起的一般价格水平的上涨,主要有供求结构、产业结构、生产率结构、开放结构的不平衡。不同的产业部门,生产率提高的速度不同。从生产率提高的速度看,社会经济结构的特点是,一些部门生产率提高的速度快,另一些部门生产率提高的速度慢;从经济发展的过程看,社会经济结构的特点是,一些部门正在迅速发展,另一些部门逐渐衰落;从同世界市场的关系看,社会经济结构的特点是,一些部门同世界市场的联系十分密切,另一些部门同世界市场没有密切联系。现代社会不容易让生产要素从生产效率低的部门转移到生产效率高的部门,从逐渐衰落的部门转移到正在迅速发展的部门,从非开放部门转移到开放部门。但是,效率低的、逐渐衰落的、与世界联系不紧密的部门却要求与效率高的、正在迅速发展的、与世界紧密联系的部门的工资看齐,结果导致一般价格水平的上涨。

例如:A、B两部门分别为先进部门和落后部门,两者产量相等。假设部门A的产出增长率$(\Delta Y/Y)_A = 4\%$,工资增长率也按$(\Delta W/W)_A = 4\%$增长。这时,部门A的工资增长率不会导致全社会一般价格水平的上涨。虽然,部门B的产出增长率为$(\Delta Y/Y)_B = 2\%$,但是该部门要求工资增长要向 A 部门看齐,也达到 4%,这就导致全社会的工资增长率超过了产出增长率,从而导致通货膨胀。

四、失业与通货膨胀的关系

失业和通货膨胀是短期宏观经济运行中的两个主要问题。如果经济决策者的目标是低通货膨胀和低失业,则他们会发现低通货膨胀和低失业目标往往是相冲突的。在宏观经济学中,失业和通货膨胀的关系主要是由菲利普斯曲线来说明。

1. 菲利普斯曲线(Phillips Curve)

1958 年,新西兰经济学家威廉·菲利普斯(William Phillips,1914—1975)研究了英国 1861—1957 年将近 100 年的历史数据得出了一条用以表示失业率和货币工资增长率之间替代关系的曲线,向右下方倾斜,这是最初的菲利普斯曲线。该曲线表明:当失业率较低时,货币工资增长率较高;反之,当失业率较高时,货币工资增长率较低,甚至为负数。后来以萨缪尔森为代表的新古典综合学派把菲利普斯曲线进行了改造,把货币工资与失业之间的关系改造为失业和通货膨胀之间的关系,并把它作为新古典综合理论的一个组成部分,用以解释通货膨胀。

新古典综合派对最初的菲利普斯曲线加以改造的出发点基于前面讲的通货膨胀率等于货币工资增长率减去劳动生产增长率这一关系。若劳动生产的增长率为零,则通货膨胀率就与货币工资增长率一致。因此,经改造的菲利普斯曲线就表示了失业率与通货膨胀率之间的替换关系,即失业率高,通货膨胀率低;失业率低,通货膨胀率高,如图 11-1 所示。

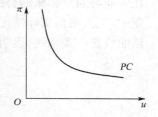

图 11-1 菲利普斯曲线

2. 菲利普斯曲线的政策含义

菲利普斯曲线被修正后,迅速成为西方宏观经济政策分析的基石。它表明,政策制定者可以选择不同的失业率和通货膨胀率的组合。失业与通货膨胀存在着此消彼长的替代关系。即:通货膨胀率的增加可以换取一定的失业率的减少;反之亦然。一个经济社会先确定一个临界点,确定一个失业与通货膨胀的合理组合区域。在区域内,不采取任何措施。该区域外,可以根据菲利普斯曲线进行调节。

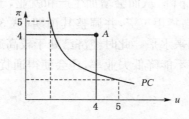

图 11-2 菲利普斯曲线与政策运用

如图 11-2 所示,假定当失业率和通货膨胀率在 4% 以内时,经济社会被认为是安全的或可容忍的,这时在图中就得到了一个临界点,即 A 点,由此形成了一个四边形的区域,称为安全区域。如果该经济社会的实际失业率与通货膨胀率组合在安全区域内,则决策者无须采取任何措施进行调节。如果实际通货膨胀率高于 4%,达到了 5%,这时根据菲利普斯曲线,经济决策者可以采取紧缩性政策,以提高失业率为代价降低通货膨胀率。当通货膨胀率降到4%以下时,经济的失业率仍然在可忍受的范围内。如果经济社会的失业率高于4%,达到5%,这时根据菲利普斯曲线,决策者可以采取扩张性政策,以提高通货膨胀率为代价降低失业率。从图中看到,当失业率降到4%以下时,经济的通货膨胀率仍然在可忍受范围内。

3. 附加预期的菲利普斯曲线

1968年,货币主义的代表人物,美国经济学家弗里德曼提出:企业和工人关注的是实际工资,而非名义工资。工人对通货膨胀有预期。他们都会根据预期的通货膨胀水平来调整名义工资。工人关注的不是名义工资而是实际工资。人们预期通货膨胀率越高,名义工资增加越快。短期的菲利普斯曲线是预期通货膨胀率保持不变,通货膨胀率与失业率之间关系。短期中工人来不及调整通货膨胀预期,失业率与通货膨胀率之间存在替代关系。

长期看,工人将根据实际发生的情况不断调整自己的预期,工人预期的通货膨胀率与实际通货膨胀率迟早会一致,这时工人会要求改变名义工资,以使实际工资不变,从而较高的通货膨胀就不会减少失业。所以长期菲利普斯曲线是与自然失业率重合,垂直于自然失业率,不存在失业与通货膨胀的替换关系。虽然短期中,失业率与通货膨胀率之间存在交替关系。但长期中,工人根据实际情况不断调整预期,从而通货膨胀不会起到减少失业的作用。这时菲利普斯曲线是一条垂线,表明失业率与通货膨胀之间不存在交替关系。

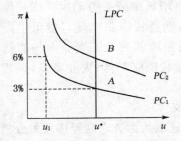

图11-3 短期和长期菲利普斯曲线

假定某经济处于自然失业率u^*,通货膨胀率为3%的A点,若政府采取扩张性政策,以使失业率下降到u_1。扩张性政策的实施,导致价格上升,通货膨胀率上升为6%。在A点处,$\pi(3\%)<\pi(6\%)$,使实际工资下降,从而会增加生产和就业,于是失业率减少为u_1。

长期则不一样。工人会提高货币工资,并调整其预期(从3%调整到6%),实际工资回到原有水平,生产和就业也回到原来水平。此时经济已处于较高通货膨胀预期的B点。

从长期看,运用扩张性政策不能降低失业率,还会使得通货膨胀不断上升。

【课后练习】

一、思考题

1. 能否说有劳动能力的人都有工作才是充分就业?
2. 说明短期菲利普斯曲线与长期菲利普斯曲线的关系。
3. 通货膨胀的经济效益有哪些?
4. 说明需求拉动的通货膨胀。

二、计算题

设某一经济的菲利普斯曲线为：$\pi = \pi_{-1} - 0.4(u - 0.06)$，试求：

(1) 该经济的自然失业率是多少？

(2) 画出该经济的短期和长期菲利普斯曲线。

第十二章
经济增长与经济周期理论

经济增长是一个古老的话题,早在亚当·斯密就有研究经济增长的问题。现代经济增长理论是在凯恩斯主义出现之后形成的,主要研究国民收入长期增长的趋势和增长的原因。现代宏观经济理论把经济周期作为以国民收入为中心的经济活动的短期周期性波动,从动态的角度解释国民收入的变动。

第一节 经济增长理论

一、经济增长与经济发展

宏观经济学中经济增长是指一个国家或一个地区生产商品和劳务的能力的增长。通常用一国的实际国内生产总值的增长率或国民收入的增长率作为衡量指标,这个指标消除了价格变动因素,也就是说经济学意义上的经济增长是潜在 GDP 的增加。潜在产出是消除了通货膨胀的最大产出,也就是充分就业时的产量。通俗一点说,就是一个国家的生产能力。但它是个总量指标,以人均国内生产总值的变化率更能准确反映经济增长潜力。通常我们用小写字母代表人均量,所以均衡国内生产总值的变化率可以表示为以下公式:

$$g_t = \frac{y_t - y_{t-1}}{y_{t-1}}$$

g_t 表示 t 时期的人均产量的变化率,y_t 表示 t 时期的人均产量,y_{t-1} 表示 $t-1$ 时期的人均产量。经济增长的速度类似于指数性增长,两个国家即使起点一样,只要每年的增长速度相差百分之一,一百年后,就将有天壤之别。一个国家,一代代的人就是这样进步的。

经济增长与经济发展是两个既有联系又有区别的概念。如果说经济增长是一个"量"的概念,那么经济发展就是一个比较复杂的"质"的概念。从广义上讲,经济发展不仅包括经济增长,还包括国民的生活质量,以及整个社会各个不同方面的总体进步。总之,经济发展是反映一个经济社会总体发展水平的综合性概念。

理解经济增长要解决以下三个基本问题:第一,为什么一些国家如此富裕,而另一些国家那么贫穷;第二,什么是影响经济增长的因素;第三,怎样理解一些国家和地区的增长奇迹。

【案 例】 12-1

日本泡沫经济的回顾与启示

日本泡沫经济是日本在 1980 年代后期到 1990 年代初期出现的一种日本经济现象。这段时期股票、土地等可以实现经济价值增值的资产的价格异常暴涨与暴跌。从1970年到1980年的十年间,日本日经平均股价只增加了213%,而在1980年到1989年的十年间增加了395.74%。在股价暴涨最快的1985至1989年四年间,每年增长28.4%,而这四年的国内生产总值年均增速才4.5%。股票价格指数虚涨几倍。同时日本房地产价格也狂乱上涨,是其他西方国家所没有的。东京都中心区的地价上涨率1983年就已达13.3%,1984年达24.5%,1985年达44.2%。1986年与1987年的两年中,东京都地价约上涨到原来的3倍。但同期消费者物价年均上涨仅为1.8%,地价平均上涨率高出物价4.8倍。日本以其仅相当于美国1/25的国土面积却拥有了5倍于美国国土的国土总地价。

进入20世纪90年代,日本经济泡沫开始破灭。日本出现了股价、债券、日元一起下降的三重贬值趋势,其中尤以股价下跌为显著。日经平均股价在1989年末达到历史最高后,1990年初开始暴跌,不足4个月内,下跌率为27.5%。1990年下半年,地价跟着开始下跌。从1991年7月到1992年7月的一年间,东京都地价下降率15.1%。紧随着日本政府接下来采取的一系列财政金融紧缩政策,泡沫经济最终崩溃,日本开始进入整个20世纪90年代的经济萧条。

关于日本泡沫经济的形成原因,国内有两种针锋相对的观点:(1)日元升值是泡沫经济形成的主要原因。1985年9月,发达国家五国财长(即美国、日本、西德、英国和法国)和中央银行行长在纽约的广场饭店签署"广场协议",一致同意通过国际"协作干预",稳步有序推动日元、德国马克等非美元货币对美元升值。协议签订后,各主要国家的中央银行开始实行大规模的"协作干预",日本在外汇市场大量抛售美元,使日元汇率一路上扬。1985年底,美元就已跌破了200日元的大关。到1988年年初,美元甚至跌到了1美元=128日元的水平,在短短不到两年半的时间里日元升值了将近一倍。"广场协议"后日元大幅升值对日本经济的负面影响在1986年立刻显现出来。出口急速跌落,1986年4月到6月,日本名义出口额和实际出口额同比减少19.5%和7.8%。受日元升值打击最大的是与出口相关的企业,特别是矿业和制造业。钢铁业各大公司在这一年纷纷宣布实施"暂时回家"和"自愿退职"计划,要在几年内削减20%到30%人员。经济不景气使日本企业经营状况普遍恶化。(2)认为日元升值本身不是经济泡沫的原因,真正的原因是低利率政策:降低利率对国内基本消费需求没有刺激作用,但对投资行为却能起促进作用,当时采取这样的政策,本身就是以虚假的经济泡沫去粉饰经济增长的数据。泡沫经济是一国经济发展中对宏观经济政策过度使用的一种表现,也是政府"机会主义"的表现。

(参考:杜艺中.日本泡沫经济的再回顾与启示[J].金融与经济,2010,4:66-70.)

二、经济增长的因素分析

经济为什么会增长?人类生活是如何变得像今天这样丰富多彩的?总结一下,主要有四个因素影响经济增长。

第一,自然资源。有研究显示,富裕的国家多在北温带,或者被海洋包围,被陆地包围没有海岸线的国家一般都比较穷。但是中东的很多国家如阿富汗,依靠丰富的地下石油资源,这里不但聚集了很多人口,而且国家还很富裕。而英国不但地理位置优越,温带海洋性气候,四季气候温和,绿草如茵。所以,开始的时候英国主要靠畜牧业发展起来。同时国内交通便利,陆运交通和海运交通都很发达,极其有利于英国和其他国家开展贸易。英国正是从畜牧业和纺织业开始发展,通过对外贸易扩张,在18世纪后期就成为日不落帝国。

第二,物质资本。即使两个国家在地理环境和自然资源上相差无几,但是经济发展水平也可能相去甚远。比如日本,国土面积狭小,没有石油没有矿产资源,但是依然阻挡不住日本经济的腾飞。日本的发展主要靠什么?靠资本与技术。物质资本主要指厂房、机器设备和各种配套设施。机器设备可以提高生产的效率。通过减少当前的消费来提高未来的产量和消费,实现经济的增长。经济增长过程既需要增加劳动也需要增加资本,但是资本增加的速度必须快于劳动增加的速度,这个规律叫做"资本深化"。这个容易理解,因为人的体力和劳动能力是有限的,如果只依靠劳动,经济增长极其缓慢,比如在工业革命前,人类社会的生产水平低下。建造楼房,虽然也用工人,但最核心的还是技术;著名的三峡工程,如果单靠劳动力的话是不可想象的。但是和劳动一样,资本的边际效率是递减的,经济要发展还需要其他要素。

第三,技术进步。技术进步意味着相同的生产要素的投入可以有更高的产出,或者是同样的产出可以使用更少的投入。我们前面讲到劳动的边际产量是递减的,但是有一个前提:技术条件不变,如果技术水平提高,那么产量递减可能不会出现,甚至还会递增。技术从几个方面影响经济增长。首先技术影响产业的组织形式。技术水平提高促进劳动分工,从而促进生产率水平提高,进而促进经济增长。

亚当·斯密在《国富论》中举了个制作扣针的例子。制作扣针需要18道工序,如果这18道工序全部交由一个工人来完成的话,则一个工人一天只能造20枚针;如果分工协作,让这18道工序分别由18个工人来完成,则一个工人平均一天可以生产48 000枚针,生产效率提高了2 000多倍。分工主要从三个方面影响工作效率:其一,分工可以提高工人的技术水平和工作能力。每天只做一件事情,越做越熟练,熟能生巧,必然可以找到其中的窍门;其二,分工可以节约工种转换的时间。一个人要做的工种越多,要学的新东西就越多,由于精力是有限的,所以很难做到"专"和"精"。其三,分工促进科学发明和技术创新。据说鲁班发明锯子的想法来源于鲁班天天做木匠活,偶然一次被草割破了手,于是头脑突发联想草割手与锯子锯木头是一个道理。据说苯的分子式,居然是德国化学家凯库勒做梦的结果,古人云"日有所思,夜有所梦",所有的创新都是创新者花费大量时间思考并在某个外部因素的诱导之下产生的。

第四,人力资本。人力资本又称无形资本,是指体现在劳动者身上的投资,如劳动者的文化技术水平,健康状况等。它是附着在人身上能够增加产量的能力。它与先天因素有关,但主要靠后天努力促成。人力资本包括人的技能,也包括人的组织性、纪律性等。人力资本主要是通过教育和培训获得的。所以教育很重要。高等教育对于提高一个人的人力资本更重要。所以经济学把高等教育看成投资而不是消费。

【案例】 12-2

悲观的马尔萨斯

托马斯·罗伯特·马尔萨斯(Thomas Robert Malthus,1766—1834)尽管备受争议,但却是古典经济思想中一位非常重要的人物。他虽然是经济学家,但使他获得巨大声誉的是《人口原理》。在这部著作中,表达了他关于经济增长的看法。马尔萨斯从"说明每一个国家对下等阶层中可观察到的贫困与苦难"开始论述。这里他提出的人口规律是:如果人口不受限制,将以几何级数增长;生活资料最多只能按算术级数增长。也就是说,人口将以1,2,4,8,16,32……这样的比率增长,而生活资料则最多只能以1,2,3,4,5,6……这样的比率增长。从而提出了对人口增长的预防性控制措施和积极控制措施。马尔萨斯赞成的预防性控制也称作道德约束。负担不起养育孩子的人们应该延迟结婚或者不结婚;婚前行为也应该收到严格的道德约束。马尔萨斯把他不赞成的预防措施称为罪恶,包括卖淫与节育,这些都会降低人口出生率。在这期间,英国统治者在全国推广了工具节育。马尔萨斯还意识到控制人口增长的某些积极措施,即那些提高死亡率的措施,包括饥荒、贫困、瘟疫和战争,虽然这些言论比较极端也比较消极,但是不得不承认他用极端的语言说出了朴素的真理,今天仍然可以解释很多经济问题。

2011年7月,饥荒袭击了非洲之角,吉布提、埃塞俄比亚、肯尼亚、索马里和乌干达的几百万人受到了影响,成千上万的人死于饥荒,而且联合国报道,至少有1 200万人需要食物援助。在20世纪80年代和90年代早期,从电视和报纸上看到埃塞俄比亚、苏丹、索马里等非洲国家的瘦弱的、快要饿死的儿童的照片时,全世界都震惊了。据报道,在20世纪80年代中期,非洲约有100万人死于饥荒。在这些地区,有时候食物的供给增加赶不上人口的增长速度。这种情况在20世纪80年代的撒哈拉以南非洲尤其真实,当时那里的人均收入下降了25%。

(参考:斯坦利·L.布鲁,兰迪·R.格兰特.经济思想史[M].北京:北京大学出版社,2014.)

第五,制度很重要。制度决定人们的经济行为,也决定一国的经济增长。美国的经济学家诺斯强调"增长的路径依赖",其含义就是经济增长取决于制度,适应于经济增长的制度是实现经济增长的前提。虽然中国拥有世界第三的国土面积,拥有世界第三的耕地面积,在过去的人民公社制度下依然存在许多长期吃不饱饭的情况。改革开放,实行家庭联产承包责任制才从真正意义上调动了农民的积极性,极大解放了农村生产力,这说明制度的作用是根本的。

三、新古典增长模型

1. 基本假定和思路

新古典增长模型的基本假定是:第一,经济由一个部门组成,该部门生产一种既可用于投资也可用于消费的商品;第二,该经济为不存在国际贸易的封闭经济,且政府部门被忽略;第三,生产的规模报酬不变;第四,该经济的技术进步、人口增长以及资本折旧的速度都由外生因素决定;第五,社会储蓄函数为$S=sY$,s为储蓄率。

2. 没有技术进步的新古典增长模型

(1) 基本方程

$$k = sf(k) - (n+\delta)k$$

上式是新古典增长模型的基本方程。上式表明,人均资本变化等于人均储蓄减去$(n+\delta)k$项。$(n+\delta)k$项可以理解为保持人均资本k不变的必须投资。为了阻止人均资本的下降,需要用一部分投资来抵消折旧,这部分投资就是δk。同样还需要一些投资,因为劳动数量以n的速度在增长,这部分投资就是nk项。总计为$(n+\delta)k$的储蓄(或投资)被称为资本的广化。当人均储蓄(或投资)大于临界投资所需要的数量时,k将上升,这时经济社会经历着资本的深化,因此新古典增长模型的基本方程可以表述为:

$$资本深化 = 人均储蓄 - 资本广化$$

(2) 稳态

如果投资 $sf(k)$ 大于资本广化所需的投资,则资本存量的变化量为正数,即资本存量增加;反之,如果投资 $sf(k)$ 小于资本广化所需的投资,则资本存量的变化量为负数,即资本存量减少。如果 $sf(k)=(n+\delta)k$,即投资量等于资本广化所需要的投资量,或上面所说的临界投资,那么资本存量将保持不变。

在新古典增长模型中,经济达到稳态的条件是 $k=0$,进一步地讲,该模型稳态的条件是 $sf(k)=(n+\delta)k$,公式所确定的人均资本量被称为稳态资本存量,将其代入生产函数所求出的人均产量被称为稳态人均产量。当经济偏离稳态状态时,无论人均资本过多还是过少,都存在着某种力量使其恢复到稳态,这意味着新古典增长模型所确定的稳态是稳定的。

(3) 对收入差异的解释

新古典增长模型的稳态条件所确定的人均资本量以及由人均生产函数确定的人均产量在一定程度上能解释"为什么一些国家如此富裕,而另一些国家那么贫穷"的问题。

若其他条件相同,储蓄率或投资率较高的国家通常比较富裕,在这些国家劳动力人均资本量较高,因此人均产量也较高。另外,根据新古典增长模型,人口增长率较高的国家通常比较贫穷。在这些国家,面对人口增长,为保持资本-劳动比率不变,需要把更大比例的收入用于储蓄和投资。这种资本广化的要求使得资本深化变得更加困难,从而使得人均资本量减少。

3. 具有技术进步的新古典增长模型

新古典增长理论的一个重要的假设是:技术进步是外生给定的,即假定技术进步以一个固定的比率 g 增长。

考虑到上述情况后,新古典增长模型的基本方程为

$$\bar{k}=s\bar{y}-(n+g+\delta)k$$

式中,$\bar{k}$ 为在均衡状态有效劳动的平均资本,s 为储蓄率;$\bar{y}$ 为均衡产出,n 为人口增长率,g 是技术进步固定的增长率。

就稳态分析而言,引入技术进步并没有使稳态分析的结论产生大的变动。技术进步会引起人均产出的持续增长,一旦经济处于稳定状态,人均产出的增长率只取决于技术进步的比率。

第二节 经济周期理论

1825 年,英国爆发了资本主义历史上第一次周期性的生产过剩的经济危机,以后每隔十年就有一次这样的危机。面对危机,生产锐减、物价暴跌、社会动荡、人心不安。从而使对国民收入的研究由静态化研究向动态化研究发展。经济周期理论正是国民收入决定理论中长期动态分析的体现。

一、经济周期的含义

什么是经济周期?经济周期也称经济波动,是指总体经济活动的扩张和收缩交替反复出现的过程。

图 12-1 中,纵轴代表国民收入,横轴代表时间,向右上方倾斜的直线代表潜在 GDP 增长

水平,上下波动的曲线代表实际 GDP 增长的水平。A 为顶峰,$A-B$ 代表经济衰退,$B-C$ 代表经济萧条,$C-D$ 代表经济复苏,$D-E$ 代表经济繁荣,从 A 到 E 为一个经济周期。经济周期四个阶段各有自己的特点:

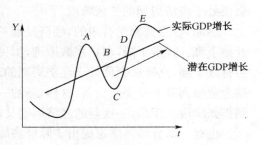

图 12-1　经济周期四个阶段

繁荣阶段:生产迅速增加,投资增加,信用扩张,价格水平上升,失业下降,居民对未来经济前景比较乐观。在繁荣的最高点 A,此时就业和产量已经达到最高值,居民手中持有的证券资产此时价格面临下跌的可能性达到最大,最为理性的居民,会把手中持有的证券换成货币,公众情绪开始由乐观转向悲观。

衰退阶段:这是从繁荣到萧条的过渡阶段,此时经济开始下滑,但没有达到最低值。

萧条阶段:生产急剧减少,投资减少,信用紧缩,价格水平下跌,失业增加,公众对未来经济预期比较悲观。萧条的最低点称为谷底,此时失业很严重,产量水平达到历史最低,但证券资产和商品的价格此时上升的潜力很大,最为理性居民此时会把手中持有的货币换成证券资产,公众开始由悲观转向乐观。

复苏:这是从萧条到繁荣的过渡阶段,这时经济开始从谷底回升,但仍未到正常水平。

对经济周期不同阶段的特点进行分析有利于政府根据统计资料确定国家经济目前处于哪一个阶段,以便采用相应的政策调控宏观经济。

二、经济周期的类型

根据经济周期波动的时间,经济周期可分为短周期、中周期和长周期。

法国经济学家朱格拉认为,经济周期平均每一周期的长度为 9~10 年,以国民收入、失业率和大多数经济部门的生产、利润和价格的波动为其标志。这被称为中周期。

美国经济学家约瑟夫·基钦提出,经济周期实际上有大周期和小周期两种。小周期平均长度约为 40 个月,大周期则是小周期的总和。

前苏联经济学家康德拉捷夫认为,经济有一种较长的循环,平均长度为 50 年左右。

美国经济学家库兹涅茨提出经济中存在长度为 15~25 年不等的长期波动。

三、经济周期产生的原因

对经济周期这一现代生活中常见的现象,经济学家提出了很多不同的解释,大致可以分成两类:内生经济周期理论和外生经济周期理论。其中内生经济周期理论侧重经济体系内部因素导致经济周期性波动;外生经济周期理论侧重从经济体系外部因素分析经济周期性波动的原因。

内生经济周期理论具有代表性的是乘数-加速数模型。乘数-加速数模型的代表人物是美国经济学家萨缪尔森。假设由于新发明导致社会投资数量增加,通过前面的讲解我们知道投资对国民产出的影响具有乘数效应,所以投资增加会通过乘数作用使收入更大倍数地增加。当国民收入增加后,社会对产品和劳务的购买增加,消费量的增加反过来又进一步刺激投资速度的增长,投资的增加又使国民收入增加,从而国民收入成螺旋式上升,如此循环往复下去,社会便处于经济周期的扩张阶段。

然而,社会资源是有限的,经济发展一定会到达经济周期的顶峰,此时收入不再增加,消费开始下降。投资下降,根据乘数原理,国民收入会以倍数下降。如此循环往复下去,国民收入会持续下降,这样社会便处于经济周期的衰退阶段。而当社会衰退到一定阶段后,仍然在经营的企业感到有必要更新设备,这样,新的一轮投资开始增加,收入开始上升,国民经济开始进入到扩张阶段。于是,一次新的经济周期又开始了。

也有一部分经济学家提出实际经济周期理论,认为是外部不可预测的事件引起了经济波动,例如,石油价格的上升导致各类商品价格的上升,引起成本推进型通货膨胀,进而导致经济衰退。

而货币经济周期理论认为经济周期是一种纯货币现象,经济周期性波动主要是由于金融体系中信用规律性扩张和收缩的交替进行所造成的。

而外生经济周期理论认为,经济周期的根源在于经济之外的某种因素的变动。例如,著名的经济学家熊彼特认为创新是引起经济周期性波动的原因。这种理论首先用创新解释繁荣和衰退,创新提高了生产效率,为创新者带来了盈利,引起其他企业的模仿,形成创新浪潮。创新的浪潮推动了信用扩张,对资本品需求增加和经济的繁荣。随着创新的普及,企业的盈利机会会减少,从而信用紧缩,对资本品需求减少,引起经济衰退,直到下一个创新,经济才能再度繁荣。熊彼特根据这种理论解释了长周期、中周期和短周期,他认为重大的技术革命(如第一次科技革命、电力革命、信息革命等)对经济增长有长期的影响,这些创新引起的繁荣时间很长,繁荣过后的衰退也很长,从而形成了长周期。中等创新引起中周期,不重要的小创新引起短周期。

而英国的经济学家杰文斯父子利用太阳黑子活动周期对农作物的影响提出了太阳黑子理论。具体来说,太阳黑子活动很频繁时期,使得农业生产减产,农业的减产影响工业、货币购买力和工资,从而引起整个经济萧条。相反,太阳黑子活动减少时,农业丰收,农民的收入增加,对货币需求增加,投资增加,国民收入增加,整个经济达到繁荣。这种理论把经济周期的根本原因归结为太阳黑子的活动。很多经济学家认为,太阳黑子的活动对农作物影响非常有限,而农业生产对整个经济影响更是有限,因此这种理论的说服力一直受到质疑。

【案例】12-3

英国的经济周期和改革开放后中国的经济周期

人类历史上第一次经济危机产生于1788年英国所发生的生产过剩的危机。1788年的危机仅发生在英国棉纺织工业,是一次局部性危机,整个国家经济并未全面的破坏,但它在历史上第一次清楚地暴露出了生产过剩这种新现象。

1852年,英国发生了第一次工业经济危机,危机范围包括了所有工业部门。

1857年,发生了第一次世界性的经济危机,危机席卷主要资本主义国家。

1857年之后,资本主义世界又发生了多次经济危机,一直到20世纪初。

在19世纪20年代至60年代的历次主要经济周期中,就其主要经济指标而言,危机的深度并没有明显逐渐加剧或缓和的迹象。比较各指标可以看出,投资和当时作为主导产业的棉织业波动较大,而经济周期波动对整个经济的影响并非很大。从危机的长度看,英国长周期的危机持续时间占这个阶段的18.2%,短周期的衰退时间也占18.2%,全部经济扩张时间占63.6%。

中国改革开放以来,经历了三个经济周期。第一个周期:1982~1986年,持续5年。高峰在1984年,增长率为15.2%;低谷在1982年,增长率为8.5%,振幅为6.7%。第二个周期:1987~1990年,持续4年,高峰在1987年,增长率为11.6%;低谷在1990年,增长率为3.8%,振幅为7.8%。第三个周期:1991~1998年,持续8年。高峰在1992年,增长率为14.2%;低谷在1998年,增长率为7.8%,振幅为6.4%。

【课后练习】

1. 说明经济增长与经济发展的关系。
2. 经济增长的源泉是什么?
3. 什么是新古典增长模型的基本公式?它有什么含义?
4. 阐述经济周期的类型。
5. 简述经济周期产生的原因。

参考文献

1. 高鸿业. 西方经济学(微观部分·第六版)[M]. 北京:中国人民大学出版社,2014.
2. 高鸿业. 西方经济学(宏观部分·第六版)[M]. 北京:中国人民大学出版社,2014.
3. 赵友萍,黄春花. 微观经济学[M]. 杭州:浙江大学出版社,2015.
4. 曼德维尔. 蜜蜂的寓言[M]. 北京:中国社会科学出版社,2002.
5. 许小苍,张春勋. 西方经济学(微观部分)案例集[M]. 北京:科学出版社,2015.
6. 曾显荣,黄玲,陈亚惠. 西方经济学(宏观部分)案例集[M]. 北京:科学出版社,2015.
7. 梁小民. 西方经济学教程[M]. 北京:中国统计出版社,1998.
8. 王福重. 纯粹经济学:王福重经济学十九讲[M]. 北京:中信出版社,2015.
9. 熊彼特. 从马克思到凯恩斯的十大经济学家[M]. 北京:电子工业出版社,2013.
10. 斯坦利·L.布鲁,兰迪·R.格兰特. 经济思想史[M]. 北京:北京大学出版社,2014.
11. 卡尔·E.凯斯,雷·C.菲尔. 经济学原理[M]. 李明志,译. 北京:清华大学出版社,2011.
12. 张亚丽,陈端计. 经济学:基本原理与应用[M]. 广州:中山大学出版社,2013.